JOÃO SANTANA
UM MARQUETEIRO NO PODER
Perfil biográfico

LUIZ MAKLOUF CARVALHO

JOÃO SANTANA
UM MARQUETEIRO NO PODER
Perfil biográfico

1ª edição

EDITORA RECORD
RIO DE JANEIRO • SÃO PAULO
2015

CIP-BRASIL. CATALOGAÇÃO NA FONTE
SINDICATO NACIONAL DOS EDITORES DE LIVROS, RJ

M223j
1ª ed.

Maklouf Carvalho, Luiz
    João Santana: um marqueteiro no poder / Luiz Maklouf Carvalho. – 1ª ed. –
Rio de Janeiro: Record, 2015.
    il.

    ISBN 978-85-01-10302-4

    1. Santana, João, 1953-. 2. Reportagem – Brasil – Biografia.
3. Entrevistas (Jornalismo). 4. Jornalismo – Brasil. I. Título.

14-18591

CDD: 926.591
CDU: 929:659.1

Copyright © Luiz Maklouf Carvalho, 2015

Todos os direitos reservados. Proibida a reprodução, armazenamento ou transmissão de partes deste livro através de quaisquer meios, sem prévia autorização por escrito. Proibida a venda desta edição em Portugal e resto da Europa.

Texto revisado segundo o novo Acordo Ortográfico da Língua Portuguesa.

Direitos exclusivos desta edição reservados pela
EDITORA RECORD LTDA.
Rua Argentina 171 – 20921-380 – Rio de Janeiro, RJ – Tel.: 2585-2000

Impresso no Brasil

ISBN 978-85-01-10302-4

Seja um leitor preferencial Record.
Cadastre-se e receba informações sobre
nossos lançamentos e nossas promoções.

EDITORA AFILIADA

Atendimento direto ao leitor:
mdireto@record.com.br ou (21) 2585-2002.

Para Bernardo, Gerdi e Marieta,
sempre em torno.

"O hoje é apenas
um furo no futuro
por onde o passado
começa a jorrar"

*Raul Seixas — "Banquete de lixo",
no disco* A panela do diabo,
com Marcelo Nova.

"O melhor foi feito no futuro"

*Patinhas (João Santana)
— "Um sinal de amor e perigo",
com Kapenga, do grupo Bendegó.*

Sumário

Apresentação   11

1. "Antropofagia dos anões"   15
2. Entrevista exclusiva (parte I): "Eles morderam fortemente a isca"   29
3. Em Tucano, deu Dilma   35
4. "Vá direto no barato"   43
5. O bardo do Bendegó   47
6. A degola do derivativo   63
7. Gorgulho na estrada de ACM   67
8. A prisão de Gilberto Gil e o *Boca do Inferno*   71
9. Na Guerra das Malvinas   81
10. Na sucursal de *Veja*   85
11. "Pílulas" ciberétnicas   91
12. Em Brasília, na sucursal do *Jornal do Brasil*   93
13. "VDM" do prefeito Mário Kertész   97
14. As mulheres e o "coração imprudente"   101
15. A primeira campanha e o "Cacete do povo"   103

16. Carta branca no *Jornal da Bahia* — 111

17. "Pílulas" da comunicação — 115

18. Eriberto, Collor e o Prêmio Esso — 117

19. O romance-catarse: *Aquele sol negro azulado* — 127

20. No marketing político, com Duda Mendonça — 133

21. Mônica Moura entra em cena — 147

22. Voo solo — 151

23. *"Lasciate ogni speranza, voi ch'entrate"* — 153

24. "O Lula quer falar com você" — 159

25. "Erro técnico": "É casado? Tem filhos?" — 167

26. Na hora do sacrifício do bode — 173

27. Dilma no Chuí, a 3 graus — 177

28. A defecção do "sargento" Risério — 181

29. Cenas da campanha: a tragédia — 191

30. Cenas da campanha: *delenda* Marina — 193

31. Anderson Silva, Sherazade ou Bruce Lee? — 197

32. Cenas da campanha: o boato do infarto — 205

33. "Goebbels"? — 207

34. Cenas da campanha: *delenda* Aécio — 211

35. "Baixarias e mentiras" — 215

36. Entrevista exclusiva (parte II):
"Não encontramos oponentes à altura" — 217

37. Cenas da campanha: o urro da vitória — 233

Agradecimentos — 237

Relação dos entrevistados — 239

Índice onomástico — 241

APRESENTAÇÃO

Em junho de 2013 — quando os protestos assustaram o país e a popularidade da presidente Dilma Rousseff desabou —, fiz um perfil do marqueteiro João Santana para a revista *Época*.

Àquela altura, seu currículo incluía a eleição de seis presidentes da República — entre eles o reeleito Luiz Inácio Lula da Silva, depois da crise do chamado "mensalão", e a primeira eleição de Dilma Rousseff.

Já tinha tentado, um ano atrás, como repórter da revista *Piauí*. A mulher e superassessora de Santana, Mônica Moura, não conseguiu convencê-lo. "Quem sabe mais para a frente", consolou. Foi nela que apostei as fichas nesta segunda tentativa. Demorou, demorou, demorou, demorou — mas dessa vez ele concordou.

O marqueteiro só deu o ar da graça 71 dias depois do primeiro contato — felizmente seguido por uma primeira longa entrevista. Houve uma outra, igualmente sem pressa, quinze dias depois. E, a pedido, mais uns acréscimos que ele próprio escreveu, chamou de "Pílulas" e mandou por e-mail.

Ao longo desse tempo, entrevistei dezenas de pessoas que pudessem contribuir para um perfil multifacetado do personagem. A maioria delas pessoalmente, outras por telefone e por e-mail. Li, e me diverti, com o pouco conhecido romance de Santana — um verdadeiro compêndio de antropológicas sacanagens, por assim dizer. Achei, na internet e em sebos, os discos do grupo Bendegó, da década de 1970. Naquela época, Santana tinha um heterônimo — Patinhas —, e com ele assinou grande parte das letras irreverentes do Bendegó.

A matéria foi publicada na edição de 7 de outubro de 2013: "João Santana, o homem que elegeu seis presidentes."

No dia em que seu sétimo presidente foi eleito — Dilma Rousseff, contra Aécio Neves, em outubro de 2014 —, pensei que a reportagem poderia, ampliada, virar um livro de ocasião. É a minha parte da culpa. A outra parte é de Carlos Andreazza, o editor-executivo da Record. Fiz outras entrevistas — inclusive em Tucano, no sertão da Bahia, onde Santana nasceu —, e voltei a atazanar Mônica Moura pedindo uma nova entrevista em que João Santana falasse com exclusividade da campanha eleitoral mais acirrada de sua vida profissional.

Eles já estavam entre Paris e Nova York, em viagem de descanso que pretendia ser longa. Mandei as perguntas por e-mail. O retorno demorou, demorou, demorou — mas as respostas chegaram. Suscitaram mais perguntas, e novas respostas vieram, em longa entrevista.

É um extenso, emocionado e às vezes irado desabafo contra os "derrotados fanfarrões" — apelido que pespegou nos perdedores. "Não encontramos oponentes à altura", disse. A entrevista está publicada em duas partes. Uma, sobre a barulhenta polêmica da "antropofagia dos anões", está no capítulo 2. A outra, no final.

Este livro pretende ser, apenas, um perfil biográfico, nas limitações do gênero. Não mais que uma reportagem de maior tamanho, que possa contribuir para desvendar um pouco mais sobre esse rico, intrigante e complexo personagem que saiu do sertão de Tucano, na Bahia, e se transformou em um dos homens mais poderosos do Brasil.

1
"Antropofagia dos anões"

O almoço transcorre agradável no restaurante Figueira Rubayat — um dos melhores de São Paulo, na região nobre dos Jardins. Numa mesa ao ar livre, sob os galhos centenários da árvore que se esparrama e encanta os clientes, o consultor político João Santana, marqueteiro do Partido dos Trabalhadores e da presidente Dilma Rousseff, saboreia um pargo ao sal grosso.

O vinho é Les Meysonniers, francês, safra 2008, meia garrafa. Santana demorou uns minutos para escolhê-lo. Pediu, primeiro, um Chateauneuf du Pape, tinto. Não tinha. Então deu uma boa olhada na carta e trocou uma ideia com o sommelier. Leu o rótulo da primeira sugestão, recusou, mas aceitou provar a segunda. Balançou a taça, deu um golinho de praxe, bochechou e deu-se por satisfeito. "Não tem nada a ver esse negócio de tinto com carnes, e branco com peixes", comentou, feliz com a opção pelo tinto.

Santana chegou ao restaurante, de sua escolha, 71 dias depois da primeira solicitação de entrevista para um perfil.[1] O pedido foi enviado por e-mail, em 13 de junho de 2013, à empresária Mônica Moura, ou MM, sua sócia, sétima mulher e assessora para quase tudo que dê trabalho.

A resposta animadora só veio em 23 de agosto — meia centena de e-mails, muitos telefonemas e um encontro depois, numa cafeteria de shopping, todos com ela, sem uma única interferência direta do marido. Sabia de tudo — por MM e por outros entrevistados que informavam estar falando sobre ele —, mas nunca apareceu.

"Acho que convenci, finalmente, definitivamente, o João a falar!", escreveu MM no dia 23. "E ele acha que, talvez, possa ser neste sábado, um almoço, aqui em SP. O que vc acha? Ele ainda não tem certeza total, porque aguarda uma resposta de uma conversa

---

[1] Luiz Maklouf Carvalho, "João Santana, o homem que elegeu seis presidentes". *Época*, 7 out. 2013. Disponível em: <http://epoca.globo.com/tempo/noticia/2013/10/bjoao-santanab-o-homem-que-elegeu-seis-presidentes.html>.

que teria em Brasília, mas a possibilidade desta conversa ser adiada é grande. Eu te confirmaria ainda hj. Me diga se vc pode. Abs. MM."

Santana escolheu o Figueira Rubayat, às 13 horas do dia seguinte, 24 de agosto, e foi pontual. Chegou devagar, sorridente, de *sapatênis*, calça jeans, camisa listrada e blazer azul-marinho com botões dourados.

No bar, depois das apresentações, brincou: "Tanta coisa importante acontecendo, e você se preocupando com um merda como eu." Esperou o "imagina, que é isso", sentou na poltrona, ajeitou o blazer sobre o barrigão, e pediu um Bloody Mary. É um coquetel com vodca — escolheu uma russa —, suco de tomate, limão, sal, molho inglês e gelo.

Avô de três netos — hoje são quatro —, Santana contabilizava, então, o recorde de seis campanhas vitoriosas a Presidências da República: Lula (reeleição de 2006), Mauricio Funes (El Salvador, 2009), Dilma Rousseff (2010), Danilo Medina (República Dominicana, 2012), José Eduardo dos Santos (Angola, 2012) e Hugo Chávez/Nicolás Maduro (Venezuela, 2012).

Fazia então a campanha de José Domingo Arias à Presidência do Panamá — que acabou perdendo. Só chegaria ao sétimo candidato vitorioso — um recorde mundial — com a briga de foice no escuro que foi a reeleição da presidente Dilma, contra o tucano Aécio Neves, em outubro de 2014.

Quanto João Santana e suas empresas faturam com sua máquina de marketing político? "São números confidenciais, que só interessam à empresa", diz. Mas ele próprio já informou, em entrevista ao jornal *Folha de S.Paulo*, quanto custou a campanha de Dilma Rousseff em 2010: "O custo total da área de propaganda e marketing, incluindo as pesquisas qualitativas e as quantias estratégicas, foi de R$ 44 milhões", disse ao repórter Fernando Rodrigues,[2] sem especificar os percentuais de despesa, a maior parte, e de lucro.

Os números, disponíveis no site do Tribunal Superior Eleitoral (TSE), mostram que a despesa total da campanha de Dilma Rousseff na eleição de 2014 foi de R$ 350.575.063,64. Desse total, R$ 60,5 milhões — ou 17,28% — entraram nas firmas de João Santana: R$ 56,5 milhões na Polis Propaganda e Marketing, a empresa holding, e R$ 4 milhões na Digital Polis Propaganda e Marketing, por serviços prestados à campanha de Alexandre Padilha a governador de São Paulo (perdeu no primeiro turno para Geraldo Alckmin, do PSDB).

---

[2] Disponível em: <http://www.folha.uol.com.br/poder/826409-caso-
-erenice-provocou-2-turno-diz-marqueteiro-de-dilma.shtml>.

Os números permitem fazer uma conta de chegada de quanto a Polis recebeu do PT nacional nas últimas eleições: R$ 13,7 milhões em 2006; R$ 9,8 milhões em 2008; R$ 44 milhões em 2010; R$ 30 milhões em 2012 e R$ 60,5 milhões em 2014. Um total de R$ 158 milhões.

João Santana informou que, além da Polis holding, existem quatro empresas internacionais: a Polis Argentina (Buenos Aires e Córdoba), a Polis América (Panamá), a Polistepeque (El Salvador) e a Polis Caribe (República Dominicana). Os valores das campanhas internacionais não estão disponíveis.

De vez em quando sai um número que Santana não confirma nem desmente, como os US$ 65 milhões de faturamento na campanha presidencial de Angola — aí incluídos os custos, a exemplo dos demais montantes citados. Eles são altos: em 2012, para dar um exemplo, com seis campanhas simultâneas, a Polis empregou temporariamente um batalhão de setecentos funcionários. Fora estúdios, equipamentos de última geração e imóveis.

Seus braços direito e esquerdo, na Polis, além de Mônica Moura, são os marqueteiros Marcelo Kertész e Eduardo Costa, todos sócios minoritários.

O escritor e marqueteiro baiano Marcelo Simões, amigo antigo, admirador e colaborador da Polis, afirma que Santana ficou milionário. "Bota aí uns US$ 50 milhões, para mais", diz.

Santana ouviu esse número duas vezes. Apenas riu, gostosamente, e carimbou Simões com dois ou três palavrões dos que se dizem na baianidade. Depois que a matéria saiu, com essa informação, ele ligou para Simões. A seu estilo, disse que não gostou: "Como é que você me reduz a 10% do que eu valho?", brincou. Continuam bons amigos.

Já veio a público que Santana tem um bom apartamento num bairro chique de Salvador, uma casa de oito quartos na praia de Interlagos, Bahia, outra, futurista, na praia de Trancoso, uma fazenda em Tucano e outra em Barreiras, cidade vizinha. Em Tucano, arrematou dos outros herdeiros a casa onde se criou, e comprou mais dois terrenos adjacentes, talvez para uma futura fundação cultural.

João Santana viaja com frequência para o exterior — principalmente Nova York e Paris, algumas vezes por ano, sempre com Mônica, e, às vezes, com mais um ou outro convidado. "Adoro essas duas cidades e já não sou um turista acidental", diz. Em janeiro de 2012, levou a família — treze pessoas — para vinte dias de férias em Barbados, uma ilha no Caribe.

Ultimamente mora em São Paulo, onde fica a sede da Polis, com vinte funcionários fixos (a empresa tem filial em Salvador). Depois de alguns anos morando em bons hotéis, mudou-se com a mulher para um apartamento de 280 metros quadrados, por enquanto alugado, no bairro de Vila Nova Conceição. Em Brasília, aonde vai quando a presidente o chama — não diz com que frequência —, hospeda-se em hotel.

Uma boa indicação da influência de João Santana nos governos que ajuda a eleger é sua atuação como *ghost--writer* titular dos discursos presidenciais. Escreveu o da posse de Lula, no segundo mandato, o da posse de Dilma, no primeiro, e o da vitória de Dilma na última eleição — aquele que muita gente achou improvisado.

Entre o final do segundo governo Lula e todo o primeiro mandato de Dilma Rousseff, o marqueteiro escreveu e fez a direção geral de pelo menos vinte pronunciamentos.[3] É claro que, antes, ouviu os presidentes, para acertar o tom, as sutilezas, os recados, os pontos e contrapontos. Depois de escritos, as alterações foram poucas, no caso de Lula, e não tão poucas, no caso de Dilma.

Na mesa ao ar livre, com o pargo, a longa entrevista muitas vezes derivou para o assunto mais quente daquele momento: as manifestações populares de junho de 2013. Ainda estavam fervendo naquele agosto — e assim seguiram por mais algum tempo.

---

[3] Disponíveis em: <http://www2.planalto.gov.br>.

No começo de julho, uma pesquisa do Datafolha mostrava uma queda de 21 pontos na popularidade da presidente Dilma Rousseff — o que abria, pela primeira vez, a possibilidade de segundo turno na eleição que viria em 2014.

Santana poderia ter ficado calado — como de seu feitio, na maioria dos casos —, mas não ficou. "Essa pesquisa tem o valor de uma vaia em estádio. Não passa de catarse temporária. Redobro a aposta: Dilma ganha no primeiro turno", disse ao jornal *Folha de S.Paulo.*[4]

No dia do almoço, quase dois meses depois, a presidente já subira para 38% de "ótimo" e "bom". Nas pesquisas que mandava fazer para si, o tempo todo, o marqueteiro já contava com 43%, em viés de alta.

"Está se confirmando o que eu disse em julho", falou, animado. E explicou seus porquês: "Eu vou pela nomenclatura de um dos caras mais geniais que leio, o António Damásio. É quem mais me influencia, quem mais me ajuda a pensar. Ele trata da questão emoção-sentimento. Junho era uma emoção, não era um sentimento. O sentimento das pessoas em relação a Dilma não foi modificado. Para isso precisaria de uma série de condições objetivas, concretas, que não aconteceram."

Damásio, renomado intelectual contemporâneo, é um médico neurologista e neurocientista português. O livro

---

[4] Disponível em: <http://www1.folha.uol.com.br/fsp/poder/116771-painel.shtml>.

que Santana cita, lido e relido, é *Em busca de Espinosa: prazer e dor na ciência dos sentimentos*, de 2004. "As emoções ocorrem no teatro do corpo. Os sentimentos ocorrem no teatro da mente", explica o autor no segundo capítulo. "As emoções são ações ou movimentos, muitos deles públicos, que ocorrem no rosto, na voz, ou em comportamentos específicos [...]. Os sentimentos, pelo contrário, são necessariamente invisíveis para o público [...]."

Santana continuou: "Eu não brigo com pesquisa, mas desafio pesquisa. Não dou murro em ponta de faca, mas vou de encontro. E muitas vezes me dei bem, a maioria das vezes."

Contou, então, que, uma semana antes daquele Datafolha, suas próprias pesquisas, quantitativas e qualitativas, mostravam que a maioria dos atributos da presidente Dilma tinha avaliação positiva.

"É honesta? Tem comando? Tudo com mais de 70. O governo está gerindo bem, a economia está bem? Está. Eram resultados que confirmavam uma série histórica, com traços de continuidade. Se o país não entrou em *default*, se o salário das pessoas continua, se a inflação teve um soluço, mas não chega a ser desbragada, os protestos não podiam ser em relação a Dilma, especificamente. Então era emoção — e não sentimento."

Santana é um mulato baiano de olhos verdes, algo saltados. Olha de viés o interlocutor, sempre atento ao movimento e às mulheres bonitas que alegram o restaurante, um de seus preferidos. Gosta de misturar os assuntos, um atrás do outro, ou na frente, ou do lado. Fala depressa, e tem o hábito de encerrar as frases com grunhidos e murmúrios nem sempre fáceis de interpretar.

Sobre as manifestações de junho, falou um pouco mais: "Existem estudos mostrando que, num sistema republicano federativo, as grandes crises momentâneas, de qualquer natureza, afetam, primeiro, a cabeça do sistema. Mesmo que o presidente não tenha culpa, tem uma coisa ígnea que leva a chama do gás diretamente a ele. Mas quando acaba o momento de crise, a recuperação lá em cima se dá mais rápido do que nos sistemas laterais."

Santana detectara, em sua cadeia de pesquisas, que junho poderia acontecer? "Não. É impossível", respondeu. Não é uma falha do marqueteiro político? "Não. Acontecimentos dessa natureza só podem existir porque são imprevisíveis. Pesquisa não pode detectar fatores vulcânicos. É igual a um terremoto. Você sabe que pode acontecer, mas nunca vai saber o dia, nem a intensidade. Se, uma semana antes, perguntassem para as 400 mil pessoas que foram às ruas se elas iriam, a resposta seria não."

Ainda faltava mais de um ano para a campanha eleitoral. Os candidatos então mais citados, além da presidente Dilma Rousseff, eram o governador de Pernambuco,

Eduardo Campos, o senador Aécio Neves, a ex-senadora e ex-ministra Marina Silva e o ex-governador e ex-ministro José Serra.

De repente, entre uma garfada no pargo e um gole no vinho, João Santana sacou uma declaração que daria (e ainda dá) o que falar: "A Dilma vai ganhar no primeiro turno, porque vai acontecer uma antropofagia de anões. Eles vão estar se comendo lá embaixo e ela planando no Olimpo."

Pareceu, na hora, como ainda hoje, que já a trouxera na ponta da língua, de caso pensado, puro marqueteiro em ação, com uma tirada capaz de provocar, repercutir e deixar indignados ou irados os antipetistas de plantão.

Foi devidamente anotada e ficou gravada num Panasonic digital exposto em cima da mesa, do lado dele. Percebeu o efeito do que dissera, disfarçou e continuou falando das manifestações e das reações da presidente Dilma Rousseff durante os momentos da crise.

Santana é do círculo mais íntimo do poder — a meia dúzia de outros assessores que a presidente ouve mais. Na época, eles eram, pela ordem, o ministro Aloizio Mercadante, da Educação; o ministro José Eduardo Cardozo, da Justiça; Fernando Pimentel, do Desenvolvimento; o ex-presidente Luiz Inácio Lula da Silva; João Santana e o ex-ministro Franklin Martins.

Como tal, Santana esteve com a presidente em muitas horas daqueles momentos dramáticos.

— A Dilma é foda — disse o marqueteiro antes do licor, um Jerez. — Ela tem uma capacidade muito forte de resistir a uma situação de crise. Vira a mesa. Já vi muito político de coragem ter cagaço nesses momentos. Ela, não. Fica surpresa, sim, mas não intimidada.

— Ela pergunta, por exemplo: "João, o que as pesquisas estão dizendo sobre aquilo que eu preciso fazer?"

— Não. A Dilma é muito sofisticada...

— Então é você quem chega e diz: "Presidenta, as pesquisas estão dizendo isso e isso..."

— Aí, me perdoe, eu já não vou entrar... Mas ela é muito sofisticada, muito autossuficiente. E eu também não sou primário pra ir chegando dessa forma...

Duas semanas depois, no dia 10 de setembro, o marqueteiro da presidente deu outra entrevista, no bar do mesmo restaurante. Era um começo de noite e estava um pouco frio. Pediu um Dry Martini, seu drink predileto, no limite de dois, dizendo ele. Escolheu um gim de marca russa. Como não tinha, aceitou um inglês. Era a hora de voltar à antropofagia de anões.

"Não retiro o que falei. Pode até botar autofagia, que fica melhor. São os anões se comendo. É o termo correto. Mas pode ser antropofagia, também, no sentido oswaldiano."

Pegou uma folha de papel, fez um risco no meio, e explicou: "Tem um espaço muito pequeno para o crescimento dos três candidatos da oposição. Essa metade é da Dilma — como antes era do Lula, do PT, do caralho, o que for — e está 90% ou 200% preservado, preservadíssimo. A disputa de mercado dessa outra metade sempre ficou dividida entre o Serra e a Marina, mais pro Serra. Aqui não cabem mais que dois candidatos. Quando entram três — na verdade quatro, porque o Serra tem grande chance de ser candidato —, é que temos a antropofagia, ou a autofagia de anões. Nenhum deles vai invadir essa outra área aqui. Se Eduardo Campos acha que ele é que tem mais condições de invadir, eu diria que ele é o que tem menos condições. Se tiver um candidato com menos capacidade de crescimento, ele se chama Eduardo Campos."

Os candidatos e seus porta-vozes criticaram duramente a declaração propositalmente atrevida de Santana. Ele nunca a retirou, nem pôs panos quentes, preferindo pagar para ver.

Ficou sem resposta — como todos — desde que o acidente de avião matou Eduardo Campos, mudando completamente as regras do jogo eleitoral. Jamais se saberá o que teria acontecido mantida a situação em que o marqueteiro fez sua previsão.

De qualquer modo, Dilma venceu Aécio Neves, do PSDB, no segundo turno, por uma diferença de 3,5 milhões de votos.

2
Entrevista exclusiva (parte I)
"Eles morderam fortemente a isca"

Depois da vitória de Dilma Rousseff, João Santana e Mônica Moura foram descansar em Paris, primeiro, e em Nova York, depois. Foi lá, em novembro de 2014, que recebeu meu pedido de uma entrevista exclusiva, por e-mail, sobre a campanha eleitoral mais difícil de sua vida profissional. A seguir, a parte em que fala da "antropofagia dos anões".

Luiz Maklouf Carvalho — Em uma entrevista, no ano passado, você fez uma previsão polêmica que não se cumpriu. Disse que haveria uma "antropofagia de

anões" e que Dilma ganharia no primeiro turno. O que você comenta, hoje, a respeito?

João Santana — Eu costumo brincar, dizendo que esta talvez tenha sido a "previsão" mais longeva, mais polêmica e com mais repercussão desta eleição presidencial. Se você me permitir, gostaria de abordá-la sobre vários aspectos. Alguns óbvios — mas pouco debatidos — e outros ocultos até hoje.

LMC — Quais são os aspectos óbvios e pouco debatidos e os ainda ocultos?

João Santana — Deixa eu começar, ironicamente, pelo aspecto da longevidade. Do longo tempo que a previsão se manteve de pé, desafiando várias conjunturas. Você lembra que nossa conversa ocorreu em setembro de 2013. Naquela época, tínhamos três candidatos declarados de oposição: Aécio, Marina e Eduardo Campos. E falava-se sobre a hipótese, que parecia bem plausível, de Serra deixar o PSDB e também se candidatar. Foi neste quadro que eu fiz aquele comentário. Ou seja: com quatro possíveis candidatos de oposição disputando um mesmo mercado eleitoral. No dia em que sua matéria saiu, anunciou-se a fusão das candidaturas Marina e Eduardo. Por incrível que pareça, nas entrevistas dadas naquele dia, os dois quase que falaram mais de mim, por causa da minha declaração, do que da presidenta Dilma ou de Aécio. Nos dias seguintes, muitos analistas insinuavam que estava se formando uma chapa imbatível e que isso iria se refletir, imediatamente, nas pesquisas. Eu falei a vários jornalistas, em *off*, e ao comando da nossa campanha, que não acreditava que isso pudesse ocorrer.

LMC — Por que você pensava assim?

João Santana — Simplesmente porque era uma chapa disfuncional. Estava virada de ponta-cabeça. Uma chapa assim não faz transfusão fácil de votos. Não provoca sinergia eleitoral em ambientes normais de temperatura e pressão.

LMC — A previsão da "antropofagia" continuava de pé, então?

João Santana — É o que eu chamei, ironicamente, de longevidade daquela previsão. Meses depois, viria a horrível tragédia da morte de Eduardo, o lançamento de Marina, a súbita ascensão e queda dela durante a campanha, a queda súbita e a ascensão final de Aécio, um comendo os votos do outro, num minibanquete antropofágico. Mas dez dias antes das eleições ainda havia jornalistas e políticos dizendo — e isto está escrito — que Dilma poderia ganhar no primeiro turno. Mas há outros aspectos que acho mais interessantes. E ninguém atentou para eles.

LMC — Quais?

João Santana — Um é a questão simbólica, metafórica. Meu comentário só teve tanta repercussão porque estava vestido com uma metáfora poderosa. Poderosa não por sua agressividade. Mas porque tinha algo de "diabólico" na sua construção. Ela batia fortemente no inconsciente. Eu juntei, nesta metáfora, um ser até hoje misterioso e estranho, que é o anão, com um rito primitivo e pagão, ainda fundamente encravado no inconsciente coletivo, que é a antropofagia.

LMC — Como assim?

João Santana — A junção de "anão" e "antropofagia" provoca uma reação em cadeia, uma sinapse poderosa. Por isso, o comentário provocou tanta celeuma. Se não tivesse embutido nesta metáfora, teria saído logo de cena ou talvez nem entrado. Os racionalistas ingênuos viram apenas "arrogância" no meu comentário. Desvendo isso agora, para que você constate, mais uma vez, o poder das metáforas. E veja como podemos fazê-las funcionar em determinadas direções. Isso, aliás, já vem sendo feito há milênios. Os cânticos religiosos, as bruxarias e os poemas de amor de efeito encantatório repousam nesta ciência. Isso não foi descoberto pela comunicação política moderna. Mas há ainda duas intenções ocultas que passaram despercebidas.

LMC — Que intenções eram essas?

João Santana — Eu fiz esta declaração em um momento em que a candidatura da presidenta Dilma estava fragilizada, para fora e para dentro, depois da forte queda de aprovação que ela teve com as jornadas de junho. Ou seja: eu tinha a intenção de fortalecê-la. Por outro lado, e isso é o mais importante, eu queria fazer meu primeiro teste da força e do equilíbrio emocional dos principais concorrentes. Queria encontrar uma forma, mesmo que pequena, de enfraquecê-los. E ver como eles reagiriam.

LMC — Este seria, então, o aspecto mais oculto, a sua intenção mais secreta?

João Santana — Sim. Era a que eu tinha menos certeza de que funcionaria e foi a que mais funcionou.

LMC — Funcionou como?

João Santana — Eles morderam fortemente a isca. A metáfora os envenenou. Ficaram presos dentro desse círculo mágico meses a fio — basta ver quantas vezes repetiram essa história dos anões, ao longo da campanha. E com uma tremenda mistura de ódio e desdém contra mim. Sem querer exagerar meu papel, tenho quase certeza de que eles podem ter repetido para si mesmos, ou na intimidade, "eu vou provar a este filho da puta quem é o anão". Isto tem um lado bem divertido.

LMC — Como se fosse uma espécie de "bomba de efeito moral" sobre os oponentes?

João Santana — Sim. Em determinados momentos de uma campanha, é mais tático você influenciar os adversários do que influenciar o eleitor.

LMC — Então, uma campanha negativa pode eventualmente causar mais efeitos sobre a psicologia do concorrente do que sobre a psicologia do eleitor?

João Santana — Exatamente. Pode subjugá-los. Isso ocorreu em outros momentos da campanha também. Estas técnicas são mais aplicáveis em debates, mas funcionam igualmente em outros momentos. Os candidatos são tão humanos e muitas vezes mais frágeis do que o eleitor comum. Com exceção dos masoquistas de carteirinha, ninguém gosta de levar porrada. Ou se enfurece e reage, ou se quebranta. Ambas são emoções negativas, que sugam a energia das pessoas.

3
Em Tucano, deu Dilma

Tucano é uma estância hidromineral no sertão da Bahia, a 252 quilômetros de Salvador. De ônibus, são cinco horas. Na eleição de 2014, os eleitores tucanenses deram 79,70% dos votos para Dilma Rousseff e 20,26% para Aécio Neves (19.975 mil votos a 5.029) — quase 2% a mais que em 2010.

Tucano fica às margens da movimentada BR-116. Em novembro, a caatinga ainda está verde: cactos, velame, juá, algaroba, mandacaru, palma e mastruz se espalham, numa mistura de tons e de trançados, vista afora. Aqui e ali, rebanhos de cabritos e bovinos, e cidades de nomes curiosos, como Araci, Quijingue e Banzaé, limítrofes a Tucano.

Quem chega num domingo, e não conhece, vai achar que Tucano é uma cidade fantasma. Poucas almas circulam nas ruas. Em compensação, Caldas do Jorro e, mais adiante, Jorrinho têm gente saindo pelo ladrão. Oferecem fontes de água quente — a primeira, de 48 graus, a segunda, de 37 —, além de bares, restaurantes e outras atrações.

No calor local, que já é forte, banho de água quente deveria assustar. Mas é a grande atração turística da cidade e da região. Encanta, também, em uma praça de Tucano, uma imensa e muito antiga caixa-d'água de 30 metros de altura, em pleno funcionamento.

João Santana de Cerqueira Filho nasceu, em 5 de janeiro de 1953, na casa 101 da rua Dr. Oliveira Brito. Ainda está lá, bem conservada, num terreno de 13 metros de frente por 50 de fundo.

Santana comprou a parte dos outros herdeiros, e também dois grandes terrenos ao lado. Pretende instalar, futuramente, uma fundação cultural.

A cidade tem 55 mil habitantes. Nos anos 1950, tinha cerca de 5 mil. João Santana pai, falecido aos 90 anos, foi prefeito, fazendeiro e dono dos dois cartórios da cidade.

Sua segunda mulher — haveria mais três — foi dona Helena Cerqueira, de tradicional família da terra. Tiveram Márcia, João e Balila, nesta ordem. Dona

Lena tem 84 anos e mora em Salvador, com Balila, também marqueteira.

O pai era "muito autoritário", disse o filho. João Cerqueira de Santana também era dono de cordoaria, onde beneficiava sisal, matéria-prima para a produção de fios resistentes, que exportava. O filho gostava de estar na cordoaria, brincando e atrapalhando.

Tinham um jeep e um DKW do pai — o primeiro que Tucano viu, com grande alarido quando chegou todo empoeirado, de São Paulo, depois de dias na estrada. "Com 9 anos eu já dirigia o DKW. Era comum naquele tempo. Umas quatro ou cinco crianças desfilavam pelo centro da cidade nos carros dos pais."

O integralismo era forte em Tucano, lembrou o marqueteiro. "Até Plínio Salgado esteve lá." Salgado era o líder da Ação Integralista Brasileira, de ultradireita. Até hoje a cidade tem uma escola municipal com o nome dele. João Santana pai foi prefeito por dois anos, entre 1970 e 1972, pela Arena, o partido que apoiava a ditadura militar.

Era da Arena 1 — os "Boca Branca", liderados pelo *coronel* Gildásio Penedo, sempre às turras com os "Boca Preta", da Arena 2. O líder de todas as bocas era o médico e empresário Antônio Carlos Magalhães, o ACM, então no primeiro mandato de governador, biônico.

Dona Helena abastecia a casa com publicações "do sul", como a revista *O Cruzeiro* — que influenciou o filho a ser jornalista —, e livros das Edições de Ouro. João estudava — "até latim e grego" —, gostava de ler e soprava saxofone alto na Filarmônica São José. O maestro era João Neves, de resto oficial de justiça no cartório paterno. Aprendeu hipnotismo em dez lições, e praticou, "até com levitação". "Adorava provocar dor de dente nas meninas", contou. Até hoje é adepto da quiromancia — a leitura das mãos.

No calor forte do começo da tarde de um domingo de novembro, o comerciante e fazendeiro Ronaldo Nunes de Araújo, ou Ró-Ró, se refresca com uma cerveja em um dos poucos bares abertos de Tucano. Foi amigo de João Santana nos tempos de colégio. "Uma vez ele foi hipnotizado e fez as pazes com um colega que não podia nem ver", contou.

O colega era Jairo de Oliveira Macedo, o Jairinho. Não se bicavam. Um dia, o professor Wilton, mestre do hipnotismo, dominou os dois e ordenou a paz. Cumprimentaram-se, trocaram até de camisa, e nunca lembraram de nada.

Ró-Ró foi parceiro de João na encenação, no teatro da escola, de "Branca de Neve e os sete anões". Os dois eram anões. "Nunca vi um desempenho tão fantástico", brincou o comerciante no bar do Naldo. João tinha uma única fala, de uma única palavra. No dramático momento em que a Branca de Neve jazia, no leito, ele se aproximava e dizia: "Morta?"[5]

No almoço do Figueira Rubayat, o marqueteiro foi puxando lembranças de Tucano, erraticamente:

> Eu sou mais para negroide. Meu avô materno, Jonas, era um mulato escuro. Combateu contra Lampião. Tucano não tinha muitos negros, não. Era mais para o sertanejo, a influência ibérica, ligada à cultura do recôncavo baiano.
>
> Cidade pequena, mas um centro de excelência em educação. Por conta do padre salesiano José Gumercindo, que criou até uma língua, a língua aglutinante, e era versado em tupi-guarani.[6]
>
> O padre Gumercindo foi aos Estados Unidos, trouxe verba para comprar os instrumentos e criou a Filarmônica São José, do maestro João Neves.

---

[5] Quem sabe não está aí a origem da metáfora antropofágica, se o leitor permite a *boutade*?

[6] Mais sobre o padre em "Pe. José Gumercindo Santos, um pioneiro de educação no nordeste da Bahia". Disponível em: <http://www.bodeassado.com.br/noticia.php?id=900>.

Comecei com a trompa. Era a terceira trompa: pó pó pof, pó pó pof. Diziam que eu estava lá porque era filho do dono do cartório. Me senti humilhado. Passei pro pistom. Depois o sax. Já até solava. Virei primeiro sax.

Era o menino que tocava saxofone, alto. Minha mãe comprou na Mesbla — e mandou entregar em Tucano. Veio no Expresso Euclidiano, que saía de Euclides da Cunha. Fui esperar a chegada. Momento de grande emoção. Era um sax cromado. Batia no joelho.

Até hoje tenho um, que comprei em Praga. Mas não tenho coragem de tocar. No violão, dou umas batidas, mas toco muito mal. A música é a mulher mais ciumenta que existe. Exige dedicação total.

Em 1961, com 8 anos, passou no exame de admissão do colégio Marista, particular e caro, e foi estudar na capital, Salvador. Vida de colégio interno, com férias e alguns fins de semana em Tucano. Morava no próprio colégio. "Os primeiros meses foram sofridos, mas fascinantes", lembrou. Aos poucos foi se enturmando. Fez todo o ginásio lá.

Depois passou para o colégio Antônio Vieira, dos jesuítas, onde fez o curso clássico (sem matérias da área de exatas, como então existia).

No Vieira é que ganhou o apelido "Patinhas". Não por ser pão-duro — é até mão-aberta —, mas por exercer, "com tirania fiscal única", o posto de tesoureiro do grêmio estudantil.

Qualquer tucanense sabe onde mora o professor Chibarra, que muitos chamam carinhosamente de Chibarrinha. É só sentar na garupa da mototáxi. Dois ou três minutos depois, por R$ 2,00, chega-se lá. É um apartamento pequeno, de sala, cozinha e dois quartos, acessado por uma escada de doze degraus.

Chibarra é Ernestino Nascimento de Santana. Tem 64 anos, olhos muito azuis e dá aulas de Física em escolas de Tucano. Frequentava a casa de seu João e dona Helena, desde menino.

Chibarra e João Santana (nenhum parentesco) eram parceiros de conversa fiada, de copo, de Jorro, de Jorrinho, de noitadas e de gamão — jogo que, em Tucano, já teve seu tempo áureo (o imbatível era o tenente radiotelegrafista Silveira).

"João é bom de mé", contou o professor, apontando o dedão para a boca. Ele também. Uma vez a seresta varava a madrugada, na praça da caixa-d'água. Cachaça na mesa, maconha à vontade, violão a toda, e eis que aparece, vindo, o delegado Miranda. Era amigo de João Santana pai.

O filho viu que ele chegava, e que ia mandar acabar o bem-bom barulhento. "Toque 'Índia', que ele gosta", disse João ao violeiro. E cantaram a guarânia famosa:

"Índia, seus cabelos nos ombros caídos..." Miranda emocionou-se, deu até uma palhinha — e pediu, apenas, que diminuíssem o volume da algazarra.

"João sempre foi muito arguto, e ligeiro nas tiradas", disse o professor Chibarra.

4
"Vá direto no barato"

Com o passar dos anos, o estudante do Vieira foi achando seu lugar na agitada vida etílico-sexual-cultural da capital baiana, por essa época com cerca de 600 mil habitantes. "O caldeirão fervia. Conheço praticamente o mundo inteiro — mas nunca vi nada que se compare a Salvador daquela época", comentou Santana no restaurante.

Os Mustangs. Assim se chamava a banda do hoje publicitário baiano Fernando Barros, presidente da Propeg, na agitada Salvador dos anos 1970.

Pouco mais velho que João Santana, conheceram-se naquela época. Barros no Vieira, dos jesuítas, Patinhas ainda no Marista. "Me lembro bem", disse ele. "João era do grêmio estudantil, fazia discurso, tocava saxofone, já compunha e convivia com os festivais de música. Era o mais ousado: cabelo black-power, bolsa tiracolo. Tinha uma pegada comunistona — o que não deixava de ser estranho para colégios de classe mais alta."

Também se encontraram algumas vezes nas águas ferventes de Caldas do Jorro. Mesmo morando em Feira de Santana — algo longe —, Barros ia frequentemente, com os pais. "Aquilo saía pelando", lembrou.

O antropólogo, compositor e também marqueteiro Antônio Risério — hoje adversário político de João Santana, como se verá — conheceu-o no Vieira, tesoureiro mão-fechada do grêmio estudantil. "Conversávamos sobre literatura", lembrou. "Uma vez ele queria saber o que eu achava do Tristão de Ataíde."

Segundo Risério, o Vieira tinha times de futebol com preferências literárias — "um com os fãs de [Jorge Luis] Borges, outro com os fãs do [Julio] Cortázar".

O publicitário Sérgio Amado, presidente da Ogilvy Group Brasil, também foi aluno do Vieira naqueles anos. "O nível era muito bom", disse. "Eu mesmo li *Ulysses* com 16 anos." Amado era de uma turma mais antiga, e militou contra a ditadura. Jovem e rebelde comunista, foi expulso do colégio, e teve de exilar-se. "Eu lembro do Patinhas, ele sempre foi talentoso."

Quando montou sua primeira agência de publicidade, a Standard, em Salvador, Amado contratou João Santana como redator. Um dos clientes era a cadeia de lojas Tio Correa — espécie de Casas Bahia da época. Patinhas criou o slogan "Vá direto no barato".

Era o que mais ele fazia naqueles tempos, maconheiro dos bons. "O Tio Correa dobrou as vendas, mas o barato bom era o outro", divertiu-se o marqueteiro ao ser lembrado do caso.

Já eram os anos 1970 — de AI-5, prisões, torturas, censura à imprensa. Risério escolheu a militância política, na Polop. Foi preso com 16 anos — acusado de participar de ações armadas — e passou um trimestre em quartéis militares.

Patinhas não se interessou pela militância política nem pelas organizações clandestinas. Optou, digamos, pela guerrilha cultural. Passou em dois vestibulares: para a Universidade Federal da Bahia, no curso de Jornalismo, e para a Universidade Católica, em Economia. Começou os dois, estudou inglês, trabalhou na imprensa e na publicidade local.

Depois abandonou os dois cursos — só voltaria, mais tarde, para o de Jornalismo — e jogou-se com tudo na música, com o grupo Bendegó, e na vida de maluco. Sem contar as mulheres, citadas por último, mas não menos importantes. Tudo ao mesmo tempo agora, como de seu estilo.

5
O bardo do Bendegó

Winston Geraldo Guimarães Barreto virou Gereba desde que se entendeu. Primeiro foi apelido, em Monte Santo e Tucano, no sertão baiano, onde nasceu e se criou, respectivamente. Acabou virando o conhecido nome artístico com que assina seus discos, shows e produções culturais.

Uma delas, recente, é um CD com uma coletânea de 25 músicas do grupo Bendegó. As letras de onze delas são assinadas por Patinhas. Um de seus versos — "O melhor foi feito no futuro" — está na capa do CD.

Gereba e Patinhas fizeram, juntos, mais de cinquenta composições. Melodia do primeiro, letra do segundo, um se metendo na seara do outro quando preciso.

"Só tem uma em que ele fez tudo sozinho", contou Gereba Barreto na padaria que lhe serve de escritório, próxima à estação Sumaré, do metrô, na zona oeste de São Paulo.

Gereba tem 68 anos — sete a mais que João Santana. Parecem menos. Não tira os óculos da cara e usa rabo de cavalo nos cabelos grisalhos. A canção solo de Patinhas foi feita na rua Girassol, bairro paulistano da Vila Madalena. Era ali por 1976. Gereba o viu, bêbado e alucinado, com uma garrafa de cachaça na mão. O pano de fundo era uma briga com a mulher da época — mais uma.

Entre choros e goles, Patinhas ia cantando o que saía. Com medo de esquecer, pediu ajuda à memória do parceiro.

"Obrigado, bandida", o nome da obra, por assim dizer, está no primeiro disco do Bendegó, *Onde o olhar não mira*, lançado pela gravadora Continental naquele ano de 1976.[7]

> Obrigado, maldita
> Acabaste de matar
> O mais leve poeta
> Que pairava sobre o ar.
> Obrigado, bandida,

---

[7] O grupo Bendegó e seus integrantes estão no *Dicionário Cravo Albin da Música Popular Brasileira*: <http://www.dicionariompb.com.br/bendego/dados-artisticos>. Álbuns inteiros e músicas do grupo estão disponíveis na internet: <http://www.youtube.com/results?search_query=bendego> e outros sites. Gereba Barreto também: <redempb.com/gereba>, entre outros.

Meu bem, meu cão
Não tenha remorso não.
Nas histórias de amor não tem herói
Mesmo que só reste o que dói.

"O nosso poeta era chumbo grosso", diz Gereba Barreto.

Cruzaram as vidas em Tucano, vizinhos na mesma rua. João na Filarmônica São José, soprando o sax, Gereba no violão, por influência do pai, agente do IBGE e violonista amante de choros.

Quando João se mudou para a capital, Gereba, mais velho, formou uma banda. Animava bailes e fazia apresentações em clubes e festivais; se virava. Patinhas acompanhava, interessado, e às vezes ia assistir, empolgado.

João Santana não é de demorar muito em nenhum assunto — pelo menos em entrevistas como a que deu embaixo da figueira. É mais de "pílulas": "A casa de Gereba, em Tucano, era a coisa mais linda e sensacional. Tucano ficou sem luz cinco anos. O pai dele tocava, ele tocava, a gente ia lá quase todas as noites."

Gereba conheceu José Ventura dos Santos, o Kapenga, nascido em Serrinha, no mesmo sertão. Também músico, Kapenga formou os grupos Os Alegres e Os Vagabundos. Quando juntou com Gereba, passaram a ser Os Deuses. Abriam e fechavam os shows com nada menos que "Carry that weight", dos Beatles. Tocavam Blood, Sweat and Tears, Roberto Carlos e composições próprias.

Um dia Gereba apresentou Kapenga a João Santana: "Esse cara é capaz de fazer cinquenta músicas por dia." João já era jornalista da grande imprensa de Salvador, cabelo black-power pra ninguém botar defeito, fumante inveterado (principalmente da erva), bom de mé, irrequieto, criativo.

O Bendegó saiu dessa mistura — músicos esforçados e inspirados, e um letrista com farto e caótico repertório cultural.

Bendegó é o nome de um rio naquela região do sertão baiano. Batizou para sempre um meteorito descomunal — "do tamanho de um boi", na descrição de Gereba — que desabou por ali em 1794. Lá ficou até 1888. Depois de muita confusão, foi transportado para o Museu Nacional, na capital do Império.

A viagem, longuíssima, primeiro em carroça, depois em navio, foi uma verdadeira saga. Machado de Assis reportou-se ao caso em crônicas saborosas. "Cumpre não perder de vista o meteorólito de Bendegó", escreveu ele na *Gazeta de Notícias* de 27 de maio de 1888.[8]

---

[8] Disponível em: <http://machado.mec.gov.br/images/stories/pdf/cronica/macr11.pdf>.

"Enquanto toda a nação bailava e cantava, delirante de prazer pela grande lei da Abolição, o meteorólito de Bendegó vinha andando, vagaroso, silencioso e científico, ao lado do Carvalho." Segue-se um "diálogo" delicioso entre o artefato gigantesco e o comandante José Carlos de Carvalho, chefe da expedição que levava o Bendegó ao Rio de Janeiro — onde está até hoje, no Museu Nacional, na Quinta da Boa Vista. Pelo menos até agora.

Em 1973, Patinhas tinha 20 anos, cursava jornalismo e, como contou, "vivia na penúria, com salário de repórter". Já estava casado com Helena Coutinho, ou Lena, sua primeira mulher, mãe de sua filha mais velha, Suriá Luirí — hoje com 38 anos, mãe de dois de seus quatro netos.[9]

Um dia pegou uma poesia, das muitas que escrevia, e apresentou a Gereba:

> Bendengó, bendé, bendé, bendé
> Bendegó, bendengó, bendegó
> Foi depois do Monte Santo
> Um facho de luz zunindo

---

[9] Aylê Axé, seu outro filho, de 36 anos, mora em Salvador e trabalha com o pai. Ele tem os filhos João Pedro, de 15 anos, e Manuela, de 4, capa do celular de Santana.

Um facho de luz se abrindo
Vindo do céu
Grande luz, luz de fogo
Rio de luz, luz de fogo

Gereba a transformou numa toada gostosa de ouvir. Foi o mote do primeiro disco, *Gereba-Bendengó*, lançado no mesmo ano, com um maldito *n* a mais.

Das doze músicas do long-play, como então se dizia, onze têm letra de Patinhas. A lembrança de uma delas, "Bala de ouro", deixou-o emocionado no Figueira Rubayat. Até cantarolou, meio encabulado.

Num quarto de hotel barato
O nosso templo de amor
Sem batom, sem tatuagem
Nos meus braços de herói
Seus abraços como doem
Quando você não está
[...]
Já tenho uma bala de ouro
Pra matar essa saudade
Mas antes que a tarde morra
E o seu louco amor vá chegar
Num quarto de hotel barato
Quero de novo lhe amar

"Abrolhos" — o arquipélago do mar da Bahia — também inspirou Patinhas:

> Estou borrado de estrelas
> e cá dentro falta luz
> Choveu noite nos meus olhos
> que já foram azuis
> Vou sorrindo pra fora
> na obrigação diária de jorrar alegria
> Sem ver calmaria, ser ter agonia,
> da noite pro dia tudo pode mudar

"Algazarra de padre" é irreverente:

> Vai ter batuque no terreiro
> Baculejo, baculejo no meu coração

Gereba define o estilo deste e dos demais discos como "um som eletroacústico apurado, um pop urbano com uma pitada regional".

O segundo disco — e o primeiro assinado pelo grupo Bendegó (agora com a grafia certa) — é o de "Obrigado, bandida", de 1976. Kapenga também comparece — além de Vermelho e Hely, que mais tarde formariam o grupo 14 Bis.

Patinhas assina nove das doze músicas do disco. *Onde o olhar não mira* tem música de Kapenga, Vermelho e Zeca, outro integrante da banda:

Eu só quero que você volte
Antes que esse planeta suma
E eu tenha que sair
E eu tenha que seguir
Estrela por estrela a lhe procurar.
Lá onde a luz é forte
Tão forte que cega
Lá onde o olhar não mira, navega
Solto, num luminoso mar

O bardo de Tucano também compunha em espanhol. Testemunha ocular desse cometimento foi, nos tempos da ditadura, o então ministro da Agricultura Alysson Paulinelli.

Kapenga conta que o ministro era a principal autoridade de um evento que o Bendegó animou, no interior baiano. Patinhas não subia no palco — nunca subiu, "por timidez" —, mas estava sempre em redor, dando seus palpites. A tantas, pediu que protestassem contra a presença do ministro tocando "Tierra de sol y luna", do disco de 1976, com Kapenga, Gereba e Zeca:

Yo soy del continente del miedo
Yo soy del continente del fuego.

Se percebeu, Paulinelli não passou recibo.

"As muié santa de Canudos", com Gereba, é um verdadeiro tratado antropológico (ou antropofágico, vá saber):

As muié santa de Canudos encarnaram na cidade
Os jagunços se banharam pra fazer outra idade
Foram de novo pescados nas águas do tempo morto
Onde bailaram e vestiram novas roupas e corpos
                              [dourados
[...]
E das águas do mar eles foram chegando
Cuspindo fogo do mesmo chapéu rabo de meia lua
Riso forte escorrendo da boca
Açude arrombado nas ruas

Gereba diz, na padaria, que "Além de Arembepe" (Patinhas, Kapenga e Zeca) remete à visita da cantora americana Janis Joplin à praia famosa, um dos primeiros paraísos hippies daquela década. Para os bons entendedores, uma estrofe basta:

No arém de Arembepe
Uma ciganinha de seda
Leu-me a mão
Falou: o mar é triste pros meninos do sertão

"Tudo se encaixava com a poesia de Patinhas", comentou Gereba. "E choviam namoradas que adoravam o nosso jeito."

Em "Palhas de milho", com Kapenga e Vermelho, o letrista foi romântico:

> Toda hora que acordo com o murmúrio
> Das palhas desse milho
> Assustado esfrego o olho e sonho
> Que é meu amor que vai chegar
>
> Vou plantar na nossa estrela
> Três grãos dourado milho
> E lá do alto o brilho de seus passos
> Vai ser murmúrio das palhas de milho
> Cá no meu roçado

"Sempre gostei de música", resumiu João Santana sobre o começo da carreira de letrista. Em momento de guarda baixa — raros —, ele deixa a modéstia de lado: "Eu é que organizei o grupo. Você sabe a força do letrista quando ele é o líder intelectual... E não era só letrista, não. Tem algumas que um bom pedaço da melodia é meu."

No terceiro disco, com Gereba e Kapenga na capa, o Bendegó emplacou uma elogiosa resenha na revista *Veja* — a principal publicação brasileira.

Patinhas era amigo do também jornalista Ricardo Noblat — hoje de *O Globo* —, então chefe da sucursal da revista em Salvador, posto mais tarde assumido pelo próprio João Santana. A resenha é assinada por E. C. (de Elizabeth Carvalho):[10]

> O terceiro Bendegó, resultado de uma carreira que começou nos bailes do sertão baiano e foi enriquecida com um trabalho instrumental junto a alguns dos grandes nomes da música popular (Caetano Veloso, Gal Costa, Paulo Moura, Cartola, Nara Leão, Macalé e Luiz Melodia), é seguramente um disco da melhor qualidade. Temperados pelo som rural da viola nordestina e o bandolim dos mais belos choros cariocas, ali estão o xaxado, o xote, o coco, o bolero e o samba-canção, combinados de uma maneira doce e harmoniosa.

Patinhas, só Patinhas, é citado em três linhas: "letrista que acumula com a dupla [Gereba e Kapenga, contemplados com uma foto] uma invejável produção de mais de 200 canções".

Em 1979, quando o disco saiu, os três moravam em São Paulo. Patinhas já estava com a fotógrafa Lúcia Correa Lima, sua mulher número II, mãe de seu outro filho, Aylê Santana.

---

[10] "Jogo de azar — Os Bendegó, vencendo uma amarga profecia". *Veja*, 7 nov. 1979, p. 158.

Juntaram as escovas quando Lúcia estava grávida do primeiro marido. João o assumiu como filho — e depois é que veio Aylê. Os Bendegó suavam a camisa para fazer sucesso. A gravadora foi uma das maiores da época, a CBS. Ninguém menos que o maestro Rogério Duprat arranjou e regeu três músicas — duas com letras de Patinhas: a para sempre estranha "Celacanto e Lerfa-mu" — palavras pichadas em viadutos de São Paulo — e a curta, mas intensa e intrigante, "Paciência Tereza" (com Gereba).

Puxa caminhão pelos cabelos
Puxa caminho de degredo
Tem paciência Tereza
Que esse mundo é um engano

Além de Rogério Duprat, as participações especiais incluíram Paulo Moura, Geraldo Azevedo e Marlui Miranda, entre outros.

Nos "superagradecimentos" do encarte — com as letras e muitas fotos de Gereba e Kapenga —, os Bendegó citam dezenas e dezenas de artistas, famosos ou não. "João Santana" é um deles — sem nenhuma ligação com Patinhas.

Cada uma das estrelas citadas na matéria de *Veja*, e/ou no próprio disco, tinha uma ou algumas histórias com os Bendegó, de quem eram declarados fãs (e vice-versa).

Às vezes, pelas incursões em shows, como banda acompanhante. Outras, por participações especiais em discos — caso, por exemplo, da canção "Canto do povo de um lugar", na obra-prima *Joia* (1975), de Caetano Veloso.

O grupo frequentava, em Salvador, as rodas de música da turma que mais tarde fundaria o tropicalismo, como Caetano e Gilberto Gil.

Um dia, na casa de Caetano, copinho de cachaça equilibrado no joelho, fora o resto, um Patinhas irreverente e agressivo, às vezes grosseiro, perguntou quem se masturbava (com outra palavra, é claro). Queria chocar, aparecer, ser diferente.

As respostas foram saindo, do jeito que dava. Até que Caetano fez a pergunta ao próprio Patinhas. "Não abro mão", respondeu, trocadilhando, para a gargalhada geral. É claro que já pensara na tirada quando fez a pergunta.

Em agosto de 2010, quando João Santana acelerava os motores da primeira campanha de Dilma Rousseff, Caetano Veloso o citou, e a Gereba, em sua coluna do jornal *O Globo*. O artigo — "Beleza é Marina" — declarava apoio à então candidata do Partido Verde:

> João Santana é meu colega (foi letrista do Bendegó, de que Gereba era a cabeça musical) e meu camarada desde o final dos 70. Todos o chamavam de

Patinhas, por causa do personagem de Walt Disney. Ele não tinha nenhuma parecença física com o pato milionário. Seus amigos antigos devem ter visto outras semelhanças entre ele e o velhote dos cifrões. Sempre me fascinou o verso final de uma canção sua: "E haverá deuses na Terra e homens no céu."

O verso correto é: "Haverá um homem no céu / E deuses na terra." É do último disco do Bendegó, de 1981, e finaliza "Um sinal de amor e perigo", em parceria com Kapenga. É a mesma do verso "O melhor foi feito no futuro", aqui já citado. E, também, de: "O desejo é forte, mas não salva."

Duas estrofes, de quatro:

À noite a cidade parece que some
Perdida no sono, nos sonhos dos homens
Que vão construindo com fibras de vidro
Com canções de infância, com tempo perdido
Um grande cartaz, um painel de aviso
Um sinal de amor e perigo
[...]
Enquanto a tristeza esmagar o peito da terra
E a saudade afastar as pessoas partindo pra guerra
Nós vamos perdendo um tempo profundo
A força da vida, o destino do mundo
O segredo que o rio entrega pra serra
Haverá um homem no céu
E deuses na terra

Embaixo da figueira, João Santana falou pouco sobre os tempos do Bendegó. Mais ouviu. Como se fosse um passado muito mais distante, como se Patinhas, seu Álvaro de Campos da época, tivesse se enfiado para sempre em algum baú.

Às vezes, ele volta. Há uns três anos, por exemplo, chamou Gereba para cantarem, madrugada afora, sambas-canções inéditos. "Vamos gravar", empolgou-se o marqueteiro na bela casa de oito quartos que tem no condomínio Interlagos, em Salvador, recentemente reformada. É nela que fica sua biblioteca maior, de uns 6 mil volumes, na conta que faz. "Ele até encarregou Mônica de tomar as providências práticas", contou Gereba.

Desde então, nunca mais conseguiu fazer contato. Até tenta, mas Santana não retorna — o que é bem de seu feitio, sem maior estresse.

Kapenga tem mais contato — porque trabalha para a Polis.

A capacidade de fazer "cinquenta músicas por dia", como disse Gereba, está em grande parte da trilha sonora das campanhas, inclusive (ou principalmente) as de Lula e Dilma. João Santana dá as coordenadas, e Kapenga compõe. Mas é raro conversarem sobre o passado. "Nem dá tempo, porque o ritmo é forte", disse Kapenga.

Gereba Barreto ama o Bendegó — e nunca deixa essa memória de lado enquanto desenvolve outros projetos. Orgulha-se de nunca ter pedido nada ao amigo endinheirado e poderoso — que também nunca lhe ofereceu, dizendo ele, "cada um no seu refrão".

O novo projeto cultural de Gereba — ele sempre tem — é organizar uma grande campanha pública para levar o meteorólito Bendegó, que está na Quinta da Boa Vista, no Rio de Janeiro, para o Museu de Canudos, em Monte Santo. "Foi lá que caiu, e é pra lá que tem que voltar", afirmou. Espera que João Santana apoie o movimento.

6
A degola do derivativo

O que é mais importante para ser marqueteiro?

João Santana pensa, olha em torno, dá mais um golinho no segundo e último Jerez e deixa sair do jeito que veio:

— Tem que ter colhão, colhão, colhão e colhão. Se não tiver coragem pessoal, tá fodido. Coragem de enfrentar situações terríveis. Você não pode imaginar algumas situações de campanha, de decisões solitárias que eu tenho que tomar. Tem sempre pressão, tem sempre conflitos, o que é absolutamente normal.

Logo depois, a nuance:

— Não quero que isso pareça soberba. Essa segurança absoluta eu não tenho, ninguém tem. Até porque, sem nenhuma demagogia, João Santana é pequeníssimo...

— Mas você gosta de manipular a narrativa de mídia. Ou seja: em vez de trabalhar na ideia de que a presidente baixou na pesquisa, tem que dividir o espaço porque João Santana disse que ela ia subir. Você joga uma novidade e às vezes a mídia vai na sua.

— Ou parece que vai, e está esperando a hora de degolar. Não tenha nenhuma dúvida sobre isso — responde, conspirativo, com um quê de mania de perseguição, que já foi muito pior.

— Como assim, degolar?

— De um ano pra cá [estamos em agosto de 2013, vale lembrar] começou a se produzir, pela propaganda da oposição, e, segundo, por alguns setores do jornalismo, um exagero: que o governo era só marketing, e que tinha um cara inteligente que mexia com isso. Houve um exagero claramente sacana, para usar um termo vulgar, talvez não seja a palavra precisa. Porque não é que eles admiram o trabalho, não é que admiram a pessoa. Não é por aí. É um derivativo, começaram a me usar como um derivativo. E não pense que sou burro pra não saber ou pra não perceber isso.

— Defina derivativo.

— No sentido econômico, financeiro, político. Que é dizer: "Porra, vamos jogar por aqui, vamos ampliar a função e o papel desse personagem, que é interessante, mas vamos diminuir o papel de pessoas realmente importantes. E ao mesmo tempo estamos armando uma trampa pra esse filho da puta daqui a pouco." É essa a história, que não é perceptível...

Santana afirma que não consultou quem quer que seja antes de decidir falar, naquele julho. Nem a presidente Dilma, nem o ex-presidente Lula, nem mesmo Mônica, a quem volta e meia acorda, na madrugada, sempre insone e inquieto com novas ideias que surgem — "uma nuvem", ele diz, apontando a cabeça — e que registra sofregamente no bloco de notas do celular (antes eram cadernos, mas os perdia). "Foi uma decisão solitária, e, quando eu falo solitária, é solitária mesmo", frisou.

Explicou que decisões como essa são tomadas de estalo: "Eu tenho um circuito neural rápido, tzzzzwzq, tchxzhchcz, querwtzch, tryzwrrrs (barulhos de circuito neural rápido). Qualquer pessoa que convive ou conviveu comigo sabe disso. Meu cérebro produz algumas coisas muito rápidas, e essa é a nossa função, como marqueteiros, que é um termo que adoro, um nome simpático. Apesar de toda a carga pejorativa que tentam impor, eu acho bonito. Parece coisa de sambista. Eu sinto como se fosse o sambista da política. Eu me sinto na Lapa de Noel, fazendo política na Lapa, e como eu gosto de samba, de puta e de..."

Para, ri, pensa e diz, na risada: "Rapaz, você vai me foder. Sabe que eu tenho muitos sicários na minha família?" (risos).

Santana adora Waldick Soriano — de "Eu não sou cachorro, não" e "Paixão de um homem" —, sempre querido dos que farrearam em casa de mulher, prostíbulo, cabaré e lupanares. De um deles, em Porto Alegre — tempos em que fazia a campanha do peemedebista Antônio Britto contra o vitorioso bigodudo petista Olívio Dutra —, Santana escorraçou da mesa um colega que desrespeitou uma estonteante profissional.

A rapidez do circuito neural provoca uma das características mais singulares de João Santana: ele não termina todas as frases de forma inteligível, preferindo grunhidos e chiados. "Tenho pouca paciência com a baixa agilidade — minha, inclusive." Esclareceu que tem um "pensamento diacrônico e uma linguagem onomatopaica".

Já virou folclore entre os mais próximos. "O João é sibilante e inconcluso", definiu o presidente do PT, Rui Falcão. "Falar com ele ao telefone é um horror." A presidente Dilma brinca com o marqueteiro devolvendo fins de frases igualmente incompreensíveis, que ambos entendem.

7
Gorgulho na estrada de ACM

No Vieira, Patinhas ficou amigo de João Falcão Filho, o Jonga, filho de um dos donos do *Jornal da Bahia*, o comunista João Marinho Falcão. A amizade o ajudou a entrar no jornal, como repórter. A publicação fazia oposição cerrada ao governador Antônio Carlos Magalhães.

Era o começo dos anos 1970 — e coincidiu com o mandato de João Santana pai na prefeitura de Tucano (1970 a 1972). Patinhas fez uma reportagem que irritou o poderoso governador da Arena: "Deu gorgulho na estrada do feijão." Mostrava, com fotos, como a chuva tinha destruído uma rodovia muito malfeita na região de Irecê, principal polo da cultura, seguido de Tucano.

Chibarra contou que ACM, sem nada poder fazer junto ao *Jornal da Bahia*, ligou para o prefeito-pai. Disse algo como "Esse seu filho hippie quer me destruir...", mas nem terminou a frase. "Governador, vai pra cinco anos que eu não vejo meu filho", respondeu o circuito neural do prefeito. Não era verdade.

Patinhas volta e meia estava em Tucano, cantando "Índia", e, a par das divergências, mantinha um relacionamento respeitoso com o pai (e com os meios-irmãos e outros parentes das demais famílias do dono de cartórios).

A jornalista baiana Mariluce Moura, hoje diretora da revista *Pesquisa Fapesp*, de São Paulo, e *publisher* da revista *Bahia Ciência*, conheceu João Santana, em Salvador, em um sábado de 1970. "Era um sujeito genial de 17 anos", lembrou. "Falante, divertido, tirador de sarro, gozador, bem hippie, cabelo black-power, calça jeans boca de sino, cheio de histórias e muito ligado em música."

Nesse começo dos anos 1970, Mariluce conheceu Lena Coutinho. Ela estudava jornalismo na Escola de Comunicações e Artes da USP, onde Mariluce tinha amigos. Estava em Salvador, para cursar uma oficina de dança, e procurava um lugar para ficar. Procurou a repórter Mariluce, no *Jornal da Bahia*. Ela mesma não podia hospedar — mas indicou a movimentada casa de Patinhas, no bairro Boca do Rio.[11]

Para lá ela foi, bonita e magrinha como Rita Lee, e deu no casamento que resultou em Suriá Luirí. "Foi um momento difícil", contou Santana no restaurante. "As duas famílias foram contra, e eu vivia na penúria, com salário de repórter."

(Lena é irmã do cartunista Laerte Coutinho. Foi mulher de Raul Seixas depois do casamento com o jornalista. Segundo Gereba, Raul admirava o Bendegó e quis produzir um disco do grupo.)

Foi um período em que Patinhas fumou toda a maconha que pôde, viciou-se em nicotina (até quatro maços por dia), experimentou muitos cogumelos alucinógenos do sertão (e até dos pampas gaúchos), fez viagens

---

[11] Em uma entrevista para o site "Jeito Baiano", Antônio Risério fez essa descrição: "A Boca do Rio, em inícios da década de 1970 (morei lá em 1973-1974), tornou-se um reduto de artistas, jornalistas e pessoas variavelmente intelectualizadas. Moravam ali escritores, como José Agripino de Paula, autor de *Panamérica*. Gente de teatro — atores, diretores, atrizes —, a exemplo de José Possi Neto. Um dublê de artista plástico e intelectual como Renato da Silveira, que se especializaria como antropólogo em Paris, para depois escrever *O Candomblé da Barroquinha*, livro indispensável, definitivo. Músicos como a rapaziada da Banda do Companheiro Mágico e a turma do Bendegó, capitaneada por João Santana, hoje conselheiro do presidente Lula e do presidente Mauricio Funes, de El Salvador etc. Enfim, era a levada baiana do desbunde contracultural. Andávamos todos por ali, mesmo os que ali não moravam. Inclusive Caetano e Gil, então de volta do exílio londrino. E íamos à praia que ficava atrás do campo de futebol, protegida por uma elevação da areia." Disponível em: <http://jeitobaiano.atarde.uol.com.br/?tag=joao-santana-filho>.

místicas e psicodélicas e jogou-se na música e na filosofia eubiótica (ou arte do bom viver) do suíço-baiano Anton Walter Smeták, guru dos tropicalistas.

Smeták, quarenta anos mais velho que Santana, veio para o Brasil em 1937. Violoncelista, escultor, compositor e construtor de instrumentos musicais, foi professor da Escola de Música da Universidade Federal da Bahia. João Santana o tem em grande conta. "Foi meu pai espiritual. Ensinou-me a virar os olhos para dentro da cabeça e o ouvido para dentro do silêncio da alma."

Smeták-ták-ták, como o chamava, enfrentou dificuldades no fim da vida. Patinhas o acolheu, como filho, e o levou para casa. No velório, em 1984, Santana estava preocupado com a preservação das invenções instrumentais do professor-músico, as "plásticas sonoras". Ali mesmo teve a ideia de criar a Associação dos Amigos de Walter Smeták. Um de seus presidentes foi o músico Tuzé de Abreu, outro dos tempos do Bendegó.

Luiz Chateaubriand, ou Chatô, foi amigo de Patinhas nos tempos da eubiose. "Uma época ele morou em São Lourenço, na Serra da Mantiqueira", lembrou. Frequentavam a festa de São João no município de Cachoeira — três, quatro dias de farra, como se o santo fosse ele.

"João tinha mania de mistério, adorava um segredo, nada se podia contar", recordou Chatô, nostálgico. "E se tornou não só um milionário, como uma pessoa importante na República."

8
A prisão de Gilberto Gil
e o *Boca do Inferno*

João Santana não viu Suriá nascer. Estava longe, em viagem de trabalho. Só ficou sabendo, dez dias depois, no Rio de Janeiro, por Dedé, mulher de Caetano Veloso.

O Rio era o ponto final de uma corajosa, longa e trabalhosa reportagem para o tabloide alternativo *Boca do Inferno* — um dos projetos em que mergulhou (com Lena, editora de texto de mão cheia). O nome do jornal era, obviamente, uma homenagem ao poeta Gregório de Matos, um dos ídolos de João Santana.

A redação ficava no bairro Maciel, próximo ao Pelourinho, àquela época região do brega ou da zona, como chamada. O lançamento foi no Teatro Castro

Alves, com show de Paulinho da Viola, o autor de "Coração imprudente".

Um dos redatores do *Boca do Inferno* foi o jornalista Vander Prata — um paulista que adotou a Bahia no final de 1975. Com o diploma de jornalista na mão, aceitou um convite e foi trabalhar, em Salvador, na agência de publicidade Propeg, uma das grandes desde aquela época.

Conheceu Patinhas em 1976 — ditadura braba, sempre é bom lembrar —, numa jornada de cinema no Instituto Goethe, mais conhecido por ICBA (Instituto Cultural Brasil-Alemanha), grande centro de agitação.

Patinhas era o editor do *Jornal da Jornada*. Passaram por lá, na memória de Prata, Joaquim Pedro de Andrade, Gustavo Dahl, Nelson Pereira dos Santos e Cacá Diegues, a fina flor do cinema brasileiro. "Patinhas foi a primeira estrela de Salvador que me apadrinhou", contou o jornalista e escritor[12] em novembro de 2013, durante uma visita a São Paulo.

Prata largou a Propeg para ser repórter do *Jornal da Bahia* — onde a "estrela" tinha influência. Em julho de 1976, estavam juntos no primeiro número do *Boca do Inferno*, com 32 páginas. Os editores eram João Santana Filho e Hilton Libos, ex-preso político.

---

[12] Autor da biografia *Clarindo Silva, o Dom Quixote do Pelourinho*. Salvador: Edições Alba (Assembleia Legislativa da Bahia), 2012. Santana é citado em algumas passagens.

A redação tinha Prata — que guarda como ouro uma coleção do jornal —, outros ex-presos políticos como Carlos Sarno, o redator Gustavo Falcón, autor de um livro de referência sobre o período,[13] e jornalistas que depois brilharam na grande imprensa de São Paulo, como Rosa Bastos e o fotógrafo Agliberto Lima, o Bel, ambos em *O Estado de S.Paulo*.

A irmã de Bel, Maria Lúcia de Souza, que mais tarde será a segunda mulher de Santana, era a outra editora de fotografia.

A coleção e a memória de Prata oferecem exatidão quanto à participação de João Santana no *Boca do Inferno*. Ele aparece como editor, com Libos, apenas no expediente do primeiro número — em que também assina, com fotos de Maria Lúcia, uma das melhores matérias da edição: "Cemitério de campeões", reportagem de cinco páginas sobre campeões de boxe baianos que estavam na lona (trocadilho dele), passando dificuldades ou até presos.

Quando comentou esta matéria no restaurante, citou, como inspiração, um livro do escritor de ficção científica Kurt Vonnegut, *Breakfast of champions* (Café da manhã dos campeões). O texto também lembra, sem

---

[13] *Os baianos que rugem. A imprensa alternativa na Bahia*. Salvador: Edufba, 1996.

favor, algumas matérias de Gay Talese sobre o mundo do pugilismo. Eis o começo da reportagem:

> Eu sei, porque um lutador me contou, que o ouvido é a última coisa que se perde no ringue. Quando começa o massacre e as trevas comem os olhos, o sangue salga a boca, mesmo que um zumbido o jogue num redemoinho você ainda ouve muita coisa. Você vai entrando num túnel escuro, num labirinto, onde em cada dobra parecem estar coladas as bocas enfurecidas dos que estão na plateia.

Depois dessa edição é que Santana fez a viagem que o impediu de ver o nascimento da filha.

A pauta que o tirou de Salvador foi a prisão de Gilberto Gil, em um quarto de hotel, em Florianópolis, por porte de um cigarro de maconha — um escândalo para a época.

Gil estava na cidade com Os Doces Bárbaros (mais Caetano, Gal Costa e Maria Bethânia). Santana foi para lá, de ônibus e com dinheiro contado. Cobriu o caso e esteve com o compositor na clínica psiquiátrica a que foi recolhido, depois do julgamento. Entrevistou e solidarizou-se com o autor de "Domingo no parque", que também era fã de Patinhas e do Bendegó.

Depois o jornalista fez mais entrevistas em São Paulo, outras no Rio, quando então ficou sabendo que era pai. "Ainda não tinha celular e eu não tinha telefone fixo em Salvador", explicou.

"Quando a Suriá nasceu, eu dei uma cortada na droga e na cachaça", disse o marqueteiro. "Foi um momento muito interessante. Eu já estava saindo um pouco da maluquice da música, e, junto com um grupo de ex-presos políticos, a gente fez o *Boca do Inferno*, que foi empastelado pela repressão."

Quando voltou da viagem, a redação do tabloide engalfinhava-se em divergências políticas — como as de tantos jornais alternativos da época. Os editores passaram a ser dezenas de jornalistas — sem uma hierarquia — e Santana estava no meio do bolo. Ganhou a capa do segundo número, de agosto de 1976, com a matéria da viagem: "Gil: meu espírito está em paz." O antropólogo Antônio Risério a incluiu na antologia *Gilberto Gil: Expresso 2222*.

Na introdução do livro, o repórter registra o nascimento da filha:

> Durante os três dias que passei com Gil [no sítio do Instituto São José, a 11 quilômetros de Florianópolis], sem que eu soubesse, nascia aqui em Salvador a minha primeira filha. É para ela, Suriá Luirí, jovens, velhos, homens de justiça, educadores, médicos, estudiosos e tantos outros

envolvidos pelo medo e pela dúvida, que dedica-mos este trabalho, que abrimos esta discussão. Uma reflexão maior que pode ser englobada nesta afirmação de Gil: "O problema das drogas é uma coisa que foi discutida em níveis profundos no mundo inteiro. Por que não no Brasil? Por que manter esse obscurantismo, esse medo da modernidade, esse medo da atualidade, esse medo de estar hoje no mundo?"

No jornal, a matéria tem onze páginas. Traz as alegadas razões do delegado que fez a prisão, um longo depoimento-entrevista de Gilberto Gil, declarações de Caetano Veloso e Otto Lara Resende (sim!), trechos da sentença e muitas revelações. Santana começou assim:

O delegado Elói Azevedo é um homem frio. Dessas pessoas frias que te olham fixamente nos olhos, mas você nota que os olhos delas estão mais baixos que os seus, e que de uma hora para outra pode vir um golpe de baixo e lhe atingir em cheio, sem você esperar. O delegado Elói Azevedo tem longos bigodes. E, como os que têm bigodes, costuma falar acariciando lubricamente os fios. Só que os seus descem até o queixo e ele arma os dedos em forma de forquilha, coçando o queixo, enquanto emposta a voz nasalada:

— Quando entrei nos quartos de Gil e Caetano eu não tinha certeza absoluta de que encontraria drogas...

Na passagem por São Paulo — tudo de ônibus, claro, e na maior pindaíba —, o repórter foi ouvir, sobre a descriminalização da droga, o psicanalista e escritor Roberto Freire.

"Ele roeu a corda, e não quis falar sobre a prisão de Gil. Foi a pior recuada que eu já vi. Foi extremamente agressivo. Aí o mulato aqui levantou. Nem vou contar o que eu disse, mas foi muito. No final, mandei pra puta que o pariu e fui embora. No Rio, fui ouvir Caetano. Ele morava no Leblon, na Delfim Moreira. Era noitinha. Então Dedé contou de Suriá..."

Respirou, enxugou umas lágrimas discretas, e continuou: "Me emociono até hoje. 'Sabia que sua filha nasceu?' Dedé soube por terceiras pessoas. Ela já tinha nascido havia dez dias."

No segundo número do *Boca do Inferno* — o último em que seu nome aparece no expediente —, João Santana participa de uma longa entrevista com o então prefeito de Salvador, Jorge Hage, até há pouco seu colega de ministério no governo Dilma: um como controlador geral da União, outro como o controlador..., ops!, como o quadragésimo ministro (sem pasta).

Nas fotos da entrevista, o cabelo black-power de Santana ocupa metade do espaço. O título da matéria, de sua lavra, é: "Jorge Hage: um prefeito equilibrado ou um perfeito equilibrista?"

Na ilustração, o depois ministro da CGU, atlético e de *collant*, equilibra-se, num pé só, no selim de uma bicicleta.

O *Boca do Inferno* teve três números. Em 14 de novembro de 1976, quando a quarta edição estava em andamento, "a redação foi invadida por homens armados com metralhadoras, quebrando e levando máquinas de escrever, revirando todo o local e rasgando os papéis que encontraram".[14]

Foi mais uma das dezenas de atentados contra a imprensa alternativa. Meses depois do empastelamento, João Santana e alguns renitentes remanescentes ainda lançaram o *Invasão* (óbvio sarro), de curtíssima vida, tão curta que nem está no arquivo de Vander Prata.

Ele define Patinhas — que sempre chama assim — como "um poeta com uma visão muito futurista, e fidelidade à amizade".

Santana, Prata e muitos outros da mesma turma — Risério, Paulo Alves, Mariluce Moura — ainda fariam

---

[14] "Jornal é depredado na Bahia". *O Estado de S.Paulo*, 16 nov. 1976. Na mesma página: "Opinião" sofre atentado a bomba de autoria da AAB [Aliança Anticomunista Brasileira]. Arquivo Vander Prata.

o suplemento semanal "Programe", do jornal *Tribuna da Bahia*, entre julho e novembro de 1981.

João Santana foi o editor — e levou para lá o espírito do *Boca do Inferno*. Fernando Gabeira, recém-chegado do exílio, foi capa de uma das edições — "Ser revolucionário é assumir a própria vida". Outra traz "Nelson Motta, o guru do delicadismo radical".[15]

A morte do cineasta Glauber Rocha — outra paixão de João Santana — teve uma edição especial de doze páginas, de 28 de agosto de 1981. Assinando como João Pathynhas (texto e fotos, inclusive as que fez no enterro, com closes de Glauber no caixão), escreveu uma página inteira, que começa assim:

> Na sala do velório, a madrugada descia suas asas vazias. O pesado caixão escurecia mais seu verniz. Numa dança calma, algumas pessoas volteavam, tocavam a bandeira, o corpo, as oferendas. Quando o sol ia fazendo azul o céu, um amigo, na ilusão do amor, percebeu que o corpo respirava. Uma louca repetia pela sala a cantilena: "Cadê os generais? Morre um homem destes e não há aqui nenhum general? Que país é este? Será que sou eu, sozinha, que tenho que carregar este corpo no pescoço?"

---

[15] Na entrevista ao final deste livro, Santana critica um artigo recente do mesmo Nelson Motta.

Durante um período, nesta época, as famílias de Santana e Prata conviviam socialmente, compartilhavam passeios e praias.

Uma das filhas de Prata, Juliana, achava estranho um sinal bem visível que Santana tinha quase na ponta do nariz — e o chamava de "Bruxo". Vai para muito tempo que Prata não vê Patinhas. "Cada vez que a gente se encontra é uma festa — mesmo que seja de dez em dez anos", brincou o jornalista.

9
Na Guerra das Malvinas

No começo de 1977, João Santana virou repórter da sucursal de *O Globo*. Uma de suas colegas foi a jornalista Mariluce Moura — a quem "devia" a indicação para Lena Coutinho procurar a casa da Boca do Rio.

Mariluce era mulher de Gildo Macedo Lacerda, ambos militantes da Ação Popular Marxista-Leninista do Brasil. Tinham sido presos em outubro de 1973, ela grávida, repórter do *Jornal da Bahia* — onde Lena a procurou — e da sucursal de *O Globo*. Sofreram torturas. Mariluce foi solta 42 dias depois. Gildo está até hoje na lista dos desaparecidos.

Depois da prisão, Mariluce ficou só na sucursal de *O Globo*, chefiada por Osvaldo Gomes. Logo chegou o repórter João Santana.

Ela se lembra de uma cobertura que fizeram a quatro mãos, em maio de 1977, do afogamento de oito crianças em uma praia de Salvador, durante um ritual de uma seita liderada por um casal de pastores, Marata e Matota. "Foi pauleira pura", ela diz. "Mas emplacamos uma página inteira."

Outra matéria que ficou na memória da jornalista foi o desabamento do teto do mercado de verduras de Aracaju, em 17 de junho de 1977, uma sexta-feira. Matou nove pessoas e feriu 145. Foram os dois para Sergipe, na correria das coberturas a quente.

"João Santana era pé de boi, muito rápido pra escrever, sempre cheio de ideias e com um texto brilhante", ela diz. Ficaram amigos — "ele sabe ser amigo de mulher, amigo mesmo".

Mariluce transferiu-se para a sede de *O Globo*, no Rio de Janeiro, em 1976. João continuou repórter, e depois chefe da sucursal.

Nesse posto, foi correspondente do jornal na Guerra das Malvinas — o conflito entre a Argentina e o Reino Unido pelo controle de um arquipélago no Atlântico Sul, entre abril e junho de 1982.

Na memória de Santana, a escolha de seu nome foi do diretor de redação, Evandro Carlos de Andrade. Montaram um *pool* — ou uma "missão conjunta", como prefere: Santana pelo jornal (também como fotógrafo), uma equipe da TV Globo (Francisco José e Mario Ferreira) e outra da BBC de Londres (com o correspondente de guerra Jon Snow, que continua em plena atividade).

Queriam ser os primeiros a chegar em Puerto Argentino/Port Stanley, palco da batalha. Alugaram um hidroavião Albatroz, de um americano que fora piloto no Vietnã. A ideia era fazer um voo de baixa altitude, driblando os radares e pousando nas bordas da ilha. O piloto marcou de apanhá-los, dias depois, em Puerto Williams, no extremo sul do Chile.

Passaram dias e dias esperando, debaixo de um inverno rigoroso. Mas o piloto acabou desistindo do voo, por achá-lo muito arriscado. Enquanto aguardavam, fizeram várias matérias, voando pelo território e pelo litoral austral argentino e acompanhando algumas operações de guerra.

"Foi mesmo uma aventura e tanto", disse Francisco José, o repórter especial da TV Globo, de sua base em Olinda, Pernambuco. "Quando fui para Port Williams, eu já havia sido expulso de Comodoro Rivadavia, na Argentina, como correspondente mais avançado da TV Globo, depois qué todos os jornalistas foram convidados a deixar o 'teatro da guerra'", lembrou, num relato por e-mail.

10
Na sucursal de *Veja*

Em algumas de suas catilinárias contra o PT, o ex-presidente Lula e a presidente Dilma Rousseff, o jornalista Augusto Nunes chamou João Santana de "Ministro da Propaganda". Omitiu o nome do nazista tristemente famoso, mas nem precisava.

"Xxzfkbwqwzzz", resmunga o circuito neural do marqueteiro quando ouve o nome de Nunes e o posto a que o guindou. "Trabalhei com ele em *Veja*, aprendi muito", disse João Santana.

Nunes também se lembra: "Foi um bom chefe de sucursal. Se dava muito bem com todos os políticos baianos, inclusive Antônio Carlos Magalhães. O marqueteiro já estava ali."

No período em que coordenava os correspondentes e as sucursais da revista, Nunes esteve três vezes em Salvador: "Ele estava sempre de terno branco, elegante, com aquela malemolência do baiano."

João Santana Filho entrou no expediente de *Veja* na edição de 27 de maio de 1983, como repórter da sucursal, então chefiada pela jornalista Mariangela Hamu. Em setembro do mesmo ano, assumiu o posto — e ficou na revista até março de 1985, quase dois anos.

Numa época em que *Veja* assinava pouquíssimas matérias, o jornalista foi creditado em pelo menos duas — "O preço do latifúndio" (quatro páginas, em 2 de novembro de 1983) e "Museu do sertão" (uma, a 20 de fevereiro de 1985).

O fotógrafo de "O preço do latifúndio" foi Gildo Lima, ainda hoje em Salvador. "Nunca vi ninguém fumar tanto, era um cigarro atrás do outro", lembrou, em uma entrevista por telefone.

A pauta os levou a Itapicuru e outros municípios do interior baiano. Na hora de escrever, o fotógrafo deixou o repórter ficar sozinho e à vontade, no quarto do hotel. "Quando voltei era só fumaça, além do mau cheiro."

Lima ficou tão impressionado com o vício do parceiro que esse detalhe é o primeiro que lhe vem a respeito. "Na redação, ele jogava as guimbas de costas, pela janela, e elas enchiam um banco de cimento que ficava no térreo."

O fotógrafo disse que o colega trabalhava muito, era chato na apuração, rápido ao escrever, na Olivetti, e vivia enrolado com "negócio de mulher".

Também se divertiam, claro, numa redação pequena e que ainda incluía o repórter Paulo Alves ("Ameba", Lima ainda lembra, maldosamente) e o motorista Giba. Todos tomavam todas, quando dava, mas Giba algumas vezes passava da conta.

Houve dia de João Santana enfiá-lo no banco traseiro — e assumir o volante. Ou de Giba ficar "preso" na sucursal. Em algumas sextas-feiras, depois do fechamento, lambuzavam-se numa moqueca de vermelho, feita na pequena copa-cozinha.

O *lead* de "O preço do latifúndio" (com o toque de Augusto Nunes, claro, porque em *Veja* era assim, como até hoje):

> Antipas Dantas de Almeida, o "Dantinhas", 76 anos, levantou-se com o raiar do dia no sábado passado. Ordenhou suas poucas e magras vacas, selou o cavalo alquebrado e começou a vencer, sem pressa, os 15 quilômetros que separam sua pequena casa de dois quartos, onde mora com a mulher e três de seus dez filhos vivos, da feira

do município de Olindina, a 190 quilômetros de Salvador, no nordeste da Bahia. Pele enrugada, roupas de couro, Dantinhas poderia perfeitamente ser confundido com os vaqueiros e flagelados que perambulam pela região à procura de trabalho. Ninguém suspeitaria de que ali estava o sobrinho-neto do barão de Geremoabo, que há 100 anos mantinha sob sua influência uma área de mais de 25 mil quilômetros quadrados no agreste baiano — um pouco menor que a Bélgica — e era dono de uma das maiores fortunas de todo o nordeste brasileiro.

Paulo Alves também virou marqueteiro. Fez a campanha de Eunício Oliveira ao governo do Ceará em 2014. Perdeu — mas já ganhou outras, entre elas a do prefeito Fernando Haddad, de São Paulo, quando trabalhou para o parceiro de velhos carnavais.

Nos tempos de *Veja*, o Santana tabagista inveterado — fora o resto, fora o resto — realmente marcou os colegas.

"João era um fumante compulsivo, mordia o filtro do cigarro", contou Alves, enquanto bebia um *espresso* em um shopping de Salvador. Tão compulsivo que, um dia, resolveu parar, à base de acupuntura. "Ele usava umas ventosas nas costas, as orelhas espetadas, e realmente parou. Mas ficou quase abúlico, sem disposição para nada, sobrecarregando a gente."

Uma semana depois, um descarrilamento de trem, com vítimas, botou a sucursal em polvorosa. Quando Alves voltou da tragédia, João Santana batia freneticamente sua máquina de escrever, com dois dedos. O cinzeiro já estava cheio — e ele acabava de acender outro.

11
"Pílulas" ciberétnicas

Alguns dias depois da segunda entrevista no Figueira Rubayat, o marqueteiro atendeu ao pedido por mais declarações — e as fez por escrito, com o nome de "Pílulas".

Sobre o Brasil:

> Aqui vão ocorrer, neste século, as grandes tramas neopolíticas, neoestéticas e "ciberétnicas". Gosto muito da definição espiritualista de que o Brasil é o laboratório do espírito santo.

Sobre sua posição ideológica:

Sou um dos últimos socialistas românticos e um dos primeiros socialistas cibernéticos — ao mesmo tempo utópico e descrente; ao mesmo tempo sério e debochado.

Sobre os dois presidentes eleitos pelo PT:

Lula é vulcão. Dilma é raio laser.

12
Em Brasília, na sucursal
do *Jornal do Brasil*

Em 1985 — eleição e morte de Tancredo Neves, início do governo Sarney —, João Santana Filho estava com a belíssima (dizem todos) Sahada Josephina, a III. Levou-a para Brasília quando foi trabalhar na sucursal do *Jornal do Brasil*.

O chefe era Ricardo Noblat — egresso de *Veja*, em Salvador. Bob Fernandes era repórter. Já conhecia e admirava Patinhas, da faculdade e da vida cultural, em Salvador. Foi dele o convite, em nome de Noblat — e Santana aceitou.

"Ele sempre foi um sujeito brilhante", disse Bob em uma conversa num banco de praça, em São Paulo.

"Sertanejo de Tucano, com uma visão cosmopolita e a malemolência do recôncavo baiano."

Santana foi o chefe da redação, diretamente subordinado a Noblat. "Tocávamos de ouvido", lembrou-se o blogueiro de *O Globo*.

O tucanense comandou uma equipe de jornalistas do primeiro time: Eliane Cantanhêde, Mariluce Moura (dos primeiros tempos), José Negreiros, Vanda Célia, Tânia Fusco, Teodomiro Braga, Roberto Lopes, Atenéia Feijó, Sergio Leo e os fotógrafos Luciano Andrade e José Varella. "Era um verdadeiro ofidiário, de tantos cobras", brinca Bob Fernandes.

"João exigia, mas ajudava", disse Mariluce Moura. "Era irônico, inteligente, e não perdia a piada."

José Negreiros registrou a capacidade de se adaptar rapidamente àquela nova situação, numa cidade desconhecida e num momento político de alta voltagem e complexidade. "No começo ele usou aquela conversa mole do 'eu não sei de nada, vocês é que vão me ajudar'", disse.

Na memória de Negreiros ficou um chefe com boas fontes (entre elas o então ministro Antônio Carlos Magalhães), que estimulava os furos de reportagem e gostava de textos diferenciados, de preferência com as preposições certas no lugar devido. E também o parceiro eventual de bar e de cerveja, bom de conversa, sempre de olho nas belas mulheres (Sahada de olho nele) e com "aquela risadinha de baiano".

Vinte anos depois, quando Negreiros teve um câncer — felizmente vencido —, João Santana, que nunca mais vira, foi um dos que ligou, puxando-o para cima.

"João foi um chefe muito amável", disse a jornalista Vanda Célia, outra cobra do ofidiário. Ficou na sua memória uma ou outra ligação de Gilberto Gil, a secretária Obdulia (homenagem ao craque uruguaio) e um editor zeloso com a qualidade dos textos.

13
"VDM" do prefeito Mário Kertész

O primeiro governo do qual João Santana participou, deixando a sucursal do *Jornal do Brasil*, foi o da prefeitura de Salvador — entre 1986 e 1988.

"João era do núcleo duro, autoritário e atrevido como ele só", disse o prefeito da época, Mário de Melo Kertész, ou MK. Ele tem 70 anos, oito netos de cinco filhos e um império de comunicação na Bahia, no qual desponta a rádio Metrópole. Faz três programas por dia, de muita audiência.

Um de seus filhos, Marcelo Kertész, é sócio e braço direito de João Santana.

★

Mário Kertész entrou na política pelas mãos conservadoras e autoritárias de Antônio Carlos Magalhães. Em 1979, no segundo mandato de governador, pela Arena, ACM o indicou como prefeito biônico de Salvador.

Em 1981, último ano do mandato, Kertész rompeu com o cacique. Em 1985, já no PMDB, elegeu-se prefeito. A campanha, muito acirrada, foi feita pelo publicitário Duda Mendonça, já brilhando no marketing político — em que nove em cada dez marqueteiros são baianos, fenômeno que algum dia o Google explicará.

MK não conhecia João Santana pessoalmente, contou, em seu amplo escritório da rádio Metrópole. Mas confiou na indicação de amigos como o antropólogo Roberto Costa Pinho — já escolhido como secretário de projetos especiais.

O jornalista gostou da proposta, foi conversar com Kertész e posou, de terno, gravata e pose, como titular da pasta da Comunicação na primeira foto oficial do secretariado. Gilberto Gil também seria da equipe de MK, mas só mais tarde.

Foi durante esse período que João Santana conheceu Duda Mendonça.

Além de MK, o "núcleo duro" do governo — expressão que ele próprio usou — tinha sua mulher, Eliana Kertész (poderosa secretária de Educação), João Filgueiras Lima ou Lelé (sem cargo), Roberto Costa Pinho e João Santana.

Lelé, recentemente falecido, com 82 anos, era um arquiteto carioca radicado na Bahia. Destacou-se pelo trabalho na Rede Sarah, onde João Santana também trabalharia. Ficaram grandes amigos na prefeitura.

Foi Lelé quem projetou, anos mais tarde, a casa futurista que Santana tem, na praia de Trancoso, com a estrutura toda de ferro.

Na prefeitura, Lelé criou o Palácio Tomé de Souza, construído em aço e vidro, e instalou a chamada "Fábrica de Cidades", que produzia peças de argamassa armada para construções populares de baixo custo.

Na área cultural, por sugestão e insistência de Roberto Pinho — e com desenho conceitual do antropólogo Antônio Risério —, Kertész criou a Fundação Gregório de Mattos. A diretoria tinha o compositor Waly Salomão, o próprio Risério, João Jorge (do grupo Olodum) e a editora Arlete Soares.

Um tempo depois, MK nomeou Gilberto Gil como presidente — um possível degrau para seu desejo de ser candidato à prefeitura, logo apoiado com entusiasmo pelo secretário de Comunicação.

"Além de se jogar no trabalho, e de ser uma usina de ideias, o João foi o meu secretário VDM, e ter um secretário VDM é absolutamente fundamental", disse Kertész ajeitando a gola de uma Lacoste social de linho cor-de-rosa.

VDM é aquele que pressente quando "Vai Dar Merda", explicou. "Espero que ele também seja o VDM da presidente Dilma, porque sem esses estraga-prazeres fica mais difícil de governar."[16]

Eram os tempos do Congresso Constituinte — que consolidaria o fim da ditadura. Instalado em fevereiro de 1987, provocou uma corrida de lobbies organizados. Um dos mais fortes era o municipalista — representado, entre outras forças, pela Associação Brasileira de Prefeitos das Capitais.

"João se empenhou nessa articulação, sabia que era importante", disse MK, eleito o primeiro presidente da entidade. Não poucas vezes esteve no Congresso, com ou sem João Santana, negociando com os constituintes os interesses municipais.

---

[16] A gestão de Mário Kertész foi polêmica e marcada por denúncias de corrupção e inquéritos do Ministério Público.

14
As mulheres e o
"coração imprudente"

Na volta a Salvador, João Santana e Sahada Josephina se separaram. Ele então se apaixonou pela gaúcha Lígia Bellini, professora de História, a IV.

Quando acabou, voltou com Sahada, para o segundo tempo. Foram morar em um apartamento no centro. Quis o destino, no entanto, que ele se apaixonasse fulminantemente pela vizinha de porta, casada e com filhos — e vice-versa.

As famílias se relacionavam — e pode-se imaginar o tamanho do drama. Mas não houve apelo, choro ou vela que fizesse Santana e Sílvia Castello Branco resistirem. Era a quinta.

★

"Eu tinha um coração muito imprudente", explicou, gostosamente, no Figueira Rubayat, numa citação de um de seus muitos ídolos musicais, Paulinho da Viola. "Mas, graças a Deus, hoje já não tenho", acrescentou, dando mais um giro visual nas beldades da tarde.

"Eu sempre tive uma vida muito apaixonada", continuou. "Brinco muito com meus amigos: 'Enquanto vocês têm um caso, eu caso.'"

Dizia, também: "Casamento com mais de três ou quatro anos já vira incesto." Pergunte-se, a pretexto de nada: e mulheres? E ele dirá, feliz e sorrindo: "Todas. Se for bonita e inteligente, então, fodeu."

"Eu era adepto de monogamias sucessivas (risos). Sempre fui muito feliz nos meus casamentos. Sempre foram muito curtos, mas muito intensos. Até chegar na fase da maturidade e na descoberta da grande mulher da minha vida, que é Mônica."

O que é que Mônica tinha — tem — de diferente em relação às outras? "Descrever as coisas profundas é meio difícil. Mas ela tinha uma jovialidade enorme, uma beleza, lia. É uma pessoa que tem uma série de coisas que me complementam em vários defeitos meus, um senso prático, uma capacidade de realização e uma alegria permanente. É uma pessoa que sempre está sorrindo. Tem atividades estéticas, gosta dos autores que eu gosto, ela me complementa."

15
A primeira campanha
e o "Cacete do povo"

No último ano da gestão na prefeitura, 1988, Mário Kertész e João Santana embarcaram os quatro pés na candidatura do radialista Fernando José — uma espécie de Datena da época.

Foi o que sobrou quando não conseguiram viabilizar a sonhada candidatura de Gilberto Gil, o presidente da Fundação Gregório de Mattos, vetada pelo governador Waldir Pires, do PMDB.

Fernando José apresentava o programa popular "Balanço Geral", na TV Itapoan, e era locutor de futebol. "Ele era do PMDB, mas estava mais para o PPI, Partido do Pedro Irujo", disse o marqueteiro Paulo

Alves, aquele de *Veja*, que Santana também levou para a prefeitura.

Pedro Irujo, polêmico e poderoso empresário de comunicação, era o patrão do radialista. E aliou-se a Kertész, contra Waldir Pires. "Fernando José era um picareta *trash*", agregou Alves, bebericando o café no shopping.

"De matiz populista, o programa de Fernando José liderava a audiência na Bahia, dentro de uma linha de desqualificação da política e de autopromoção", escreveram Lília de Souza e Claudio Leal no trabalho "Política cultural e o governo Fernando José".[17]

Não era um bom momento para o carlismo. A disputa pra valer ficou entre Fernando José e Virgildásio de Senna, do PSDB, apoiado por uma ampla "Frente Salvador", à qual se somou o governador Waldir Pires. Senna era um ex-prefeito de Salvador, cassado em 1964, e então deputado constituinte. Foi um pega pra capar.

Santana conheceu seu primeiro guru nessa época de secretário de Comunicação da prefeitura de Kertész. Foi Homero Icáza Sánchez, já falecido. Panamenho, "El Brujo", como ficou conhecido, foi cônsul de seu

---

[17] Disponível em: <http://www.cult.ufba.br/arquivos/Politica_Cultural_PMS_Gestao_Fernando_Jose_Claudio_e_Lilia%E2%80%A6.pdf>.

país no Rio de Janeiro, onde criou o Instituto Técnico de Análises e Pesquisas. Era consultor da Rede Globo de Televisão. João Santana o chamava de "Don Carajon".

"El Brujo" entrou na conversa quando o marqueteiro falou de sua ideologia:

> Eu não sei me definir, mas tem um cara que me ensinou muito: Homero Icáza Sánchez, o bruxo da Globo. Mário Kertész convidou Homero para dar uma consultoria. Ele foi do grupo que acreditou na candidatura de Gilberto Gil. Daí nasceu uma amizade que durou dois anos.
>
> Era um personagem incrível. Sabia tudo de pesquisa — e foi um dos fundadores do Ibope, junto com o pai do Carlos Montenegro. Me ensinou muito, principalmente sobre pesquisa. Foi meu grande mestre de marketing político. Ensinou-me a ler as linhas da mão do povo.
>
> Homero dizia que eu era um marxista-freudiano-cristão. Eu dava risada. Mas eu acho que é muito pouco. A mistura é muito mais candomblé do que cristão. E mais anarquista do que marxista.

A campanha de Fernando José foi comandada pelo trio RPM — Roberto Pinho, Patinhas e Mário Kertész. Duda Mendonça colaborava nos clipes e comerciais, mas quem mandava era o secretário João Santana.

Ele criou um jornal de campanha chamado *Cidade do Povo* — seu primeiro do gênero —, em formato standard, com oito páginas, diagramação moderna, enormes títulos, imensas fotos. Alardeava as qualidades do candidato Fernando José, obviamente, e, na última página, a coluna "Cacete do povo" baixava o sarrafo no adversário.

O jornalista Vander Prata, um de seus editores, guardou meia dúzia de exemplares. Eles mostram, sem sombra de dúvida, que o João Santana do "quem ganha bate" já estava ali por inteiro.

"O moleza de Malvadeza" [ACM, no caso], "Miss Arena quer ser dama de ferro da Bahia" [no caso, a hoje senadora Abigail Feitosa] e "Pega na mentira" são alguns dos títulos da primeira edição, de 10 de setembro de 1988.

Na coluna "Cacete do povo", o pseudônimo Samu Celestial — ou João Santana, segundo Alves e Prata — assina a seção "Calúnia política" — pastiche, sem papas na língua, de uma coluna do jornal *A Tarde*, seu alvo maior, e vice-versa. Nesta primeira edição, o título é — pasmemos todos — "A ilusão das pesquisas". Diz Samu Celestial no parágrafo inicial:

Introduzida no Brasil para colunistas no final da década de 1940, as pesquisas de opinião pública continuam a ser um verdadeiro enigma para colunistas desinformados. Modéstia à parte, no Brasil, apenas este colunista e talvez Carlos Chagas, Boris Casoy e Carlos Castello Branco sabemos de fato analisar pesquisas. Como de resto, somos igualmente únicos a interpretar, com competência, o fato político. No meu caso, são anos de isenção, estudo científico e combatividade.

"Era pau puro, e valia tudo", disse Paulo Alves, puxando da memória algumas edições.

Lembrou-se do slogan que Santana criou contra o jornal adversário: "Saiu na *Tarde*, confira. Pode ser mentira." Era exposto em meia página do *Cidade do Povo*, com a foto de um sujeito com cara de maus bofes e de óculos escuros. Valia preconceito também: "Revolução tecnológica no mundo dos caçadores. Antigamente se caçava a pé, hoje de Opala preto...", diz uma nota da "Cacete do povo". Sem contar (e comentar) o verbo "fernandar", que o criativo secretário associou ao "tancredar"...

"O que motivava João Santana era provocar a elite quatrocentona de Salvador", analisa Alves. "Ele gostava de desafiar o establishment."

A quem reclamava, achando que era demais, o editor dizia que era do jogo eleitoral, que o outro lado também baixara o nível, e que o importante era ganhar a eleição.

Fernando José foi o vencedor. Uns meses depois saiu atirando contra quase todos, mas essa já é outra história.

Não foi a única refrega eleitoral em que João Santana se envolveu em 1988 — mas a outra, em Tucano, ele perdeu.

Não ele, exatamente, mas seu cunhado Waldemar Gertner, segundo marido de sua irmã mais velha, Márcia. Engenheiro, de origem alemã, Gertner tinha uma fazenda em Tucano — hoje de João Santana.[18]

Gertner modernizou a agricultura e a pecuária, organizou uma cooperativa de produtores e tornou-se

---

[18] Ele tinha outra fazenda, em Barreiras, próximo a Tucano, mas vendeu. O anúncio de venda foi postado na internet: "Vendo fazenda a 12 km de Barreiras-BA com 40 ha, água, telefone e energia. Descrição: Área de 40 hectares; Escriturada; Água em abundância (riacho, nascente, poço artesiano vazão de 20.000 l/h, reservatórios de água 5.000L — 10.000L — 30.000L e 50.000L, bebedouros/boia); Energia Bifásica (transformador de 20 KVA); Telefone celular; Formada (80% pasto + 20% reserva) com diversas variedades — Andropogon, Grama Estrela Africana, Urucloa, Braquiária D'água ou Marianinha (3 ha de vazante embrejada); Pomar (manga, goiaba, coco, limão, acerola, graviola etc.); Boas instalações, curral de piso e 80% coberto, com tronco e embarcador, balança de 2.000 kg, galpão e depósito, casa de galinha, suínos, cocheiras para 250 bovinos e 2 tanques de peixe; Casa com 1 suíte e 3 quartos, banheiro social, sala, cozinha e varanda. Alojamento empregado/banheiro; Nove piquetes, bem cercada para bovinos, ovinos e caprinos. Preço a combinar e negociável. Aceita troca em imóveis na cidade. João Santana — Proprietário. Fone: (77) 9971-XXXX/9999-XXXX (fazenda). E-mail: xxxxxxxxxxxxxxxxxxxxx (enviamos mais fotos)."

bem conhecido. Saiu candidato pelo PMDB, contra Arilton Dantas, ligado à oligarquia dos Penedo.

Balila Santana, a outra irmã, foi a marqueteira da campanha. João ajudou como pôde. Perderam. "Fomos roubados", diz até hoje o comerciante Ronaldo Nunes, um dos outros anões da peça "Branca de Neve", entusiasta de Gertner.[19] Chibarra também se engajou: "Foi tenso", disse.

---

[19] Quando Dilma Rousseff ganhou a eleição de 2010, Gertner postou sua opinião na internet: "A competência de João Santana aliada à intuição do gênio político Lula levaram mais uma vez à VITÓRIA. Agora não pensem que os carreiristas vão deitar e rolar, pois DILMA tem personalidade forte e já já dá um tranco neles, que vão tentar lotear o GOVERNO em proveito próprio. Chegou a hora de um GOVERNO TÉCNICO e competente e é o que teremos com DILMA. Portanto, pelo bem do BRASIL, deixem a PRESIDENTA TRABALHAR!" Disponível em: <http://navblog.uol.com.br/comment.html?postFileName=2010_11-06_20_41_33-10045644-0&idBlog=1099278>.

16
Carta branca no *Jornal da Bahia*

Folha 7 foi o novo projeto de João Santana depois da Secretaria Municipal de Comunicação. Seria um jornal semanal, bancado principalmente pelo recém-ex-prefeito Mário Kertész.

MK tinha projetos, pensava alto, queria ser governador — e respondia a processos por denúncias de corrupção em sua gestão.

Santana montou uma equipe, chamou um artista gráfico de prestígio, e pediu que Duda Mendonça cuidasse da campanha de lançamento. "*Folha 7* — O outro lado da notícia", criou.

Fizeram alguns números "zero" — cinco na conta de Paulo Alves, o chefe da redação, dois na conta de Vander

Prata, o secretário de redação. A vantagem de Prata é que ele tem os dois para mostrar.

João Santana era o diretor, e MK, o diretor-presidente. O primeiro "zero" é um tabloide de 32 páginas com diagramação arrojada. A manchete — "O escândalo das aposentadorias" — é ilustrada por uma foto rasgada em dois pedaços do ex-governador Waldir Pires, inimigo jurado de Kertész.

"O jornal de maior circulação na cidade. Sai 1 dia e circula 7", diz um dos slogans de divulgação, criado por João Santana.

O projeto gorou, perto do lançamento, quando MK assumiu o controle do tradicional, mas, naquele momento, combalido, *Jornal da Bahia* — o de João Falcão, justo onde Santana começara a carreira.

Santana assumiu a direção de redação com carta branca — mas o dono do baralho era Mário Kertész.

Levou consigo a turma do *Folha 7*, modernizou o projeto gráfico e se atreveu a ousadias editoriais. O *Jornal da Bahia* tinha simpatia explícita pela candidatura de Leonel Brizola nas eleições de 1989.

Paulo Alves se lembra da capa que João Santana editou, no final da eleição: "Collor venceu", na metade acima da dobra; "Viva Lula", na outra metade.

Lembra-se de outra, quando Raul Seixas (então casado com Lena Coutinho) faleceu: "Raul morre sonhando." Patinhas ficou abalado — adorava (e adora) a obra de Raulzito (e Paulo Coelho). Não conseguia um título que lhe agradasse. O que finalmente escolheu foi inspirado — disse a Paulo Alves — em uma música do compositor, "O canto do sábio chinês".

No começo de 1991, os altos custos fizeram o *Jornal da Bahia* entrar em crise. MK e João Santana tentaram várias fórmulas — até o mais explícito sensacionalismo —, mas não tiveram sucesso.

Um dia, Santana chamou Paulo Alves e Vander Prata e disse que estava indo para Washington, nos Estados Unidos. Simples assim. "Patinhas era inquieto, queria novos ares", disse Prata.

Antes de ir, aceitou um convite do arquiteto Lelé Filgueiras, da turma, para trabalhar na Rede Sarah Kubitschek de Hospitais. Ficou por lá uns meses — Risério também — e criou o Centro de Estudos Carlos Castello Branco, do qual foi o primeiro diretor.

17
"Pílulas" da comunicação

A seguir, alguns autores e livros que fizeram e fazem a cabeça de João Santana na comunicação política, segundo ele próprio.

Serguei Tchakhotine: *A mistificação das massas pela propaganda política.*[20]

---

[20] Não é o primeiro da lista por acaso. Está esgotado — mas há edições antigas, a preço de raridades, em sebos virtuais. Uma delas é a da editora Argumento, 593 páginas, com tradução de Miguel Arraes, o avô de Eduardo Campos. A orelha informa que Arraes o traduziu do francês — *Le viol de foules par la propagande politique* — nos meses em que ficou preso depois de deposto do cargo de governador de Pernambuco pelo golpe militar de 1964. Veio a público em 1967, pela Civilização Brasileira de Ênio Silveira. O russo Serguei Stepanovich Tchakhotine (1883-1973), microbiologista e discípulo de Ivan Pavlov, estudou a psicologia de massas e as formas de propaganda a partir das experiências nazista e fascista durante a Segunda Guerra Mundial. Esteve preso por sete meses em um campo de concentração.

Walter Lippmann: *Public Opinion*, *The Cold War* e *The Public Philosophy*.

Edward Bernays: *Propaganda*.

Gustave Le Bon: *A psicologia das multidões* e *A psicologia do socialismo*.

Murray Edelman: *The Symbolic Uses of Politics*, *Politics as Symbolic Action: Mass Arousal and Quiescence* e *From Art to Politics: How Artistic Creations Shape Political Conceptions*.

Dennis C. Mueller: *Public Choice*.

Régis Debray: *Vida e morte da imagem*. "Dilma foi apaixonada pelo Debray, filósofo guerrilheiro; eu sou fascinado pelo Debray mediologista, um dos melhores, no mundo atual."

George Lakoff: *Don't Think an Elephant! Know your Values and Frame the Debate*.

Drew Westen: *The Political Brain*.

William Meyers: *The Image Makers*.

Greg Mitchell: *The Campaign of the Century: Upton Sinclair's E.P.I.C. Race for Governor of California and the Birth of Media Politics*.

Theodore White: *The Making of the President*.

Kathleen Hall Jamieson: *Eloquence in an Electronic Age*.

18
Eriberto, Collor e o Prêmio Esso

Roberto Fernandes de Souza, ou Bob Fernandes, é paulista de Barretos, mas baiano naturalizado. Já levara o soterotucanense Santana para a sucursal de Brasília do *Jornal do Brasil*. E pensou nele, mais uma vez, quando precisou de um substituto para a chefia da sucursal brasiliense da revista *IstoÉ*. Era final de 1991.

Santana já levara Sílvia, a V esposa, para Washington, nos Estados Unidos. Com a ajuda de MK, obtivera uma bolsa para um curso de extensão na Georgetown University, com matérias de comunicação, política, linguística e estética.

Fernandes era diretor da sucursal de *IstoÉ* desde 1989. Estava saindo para ser correspondente nos Estados Unidos, sediado em Nova York, com foco na cobertura da eleição em que Clinton venceria George Bush. Ligou para João Santana, em Washington. Ele aceitou o convite, de primeira.

Mais tarde, tiveram uma conversa pessoal, em que Bob o situou nos meandros e bastidores das denúncias contra o presidente Fernando Collor de Mello. "Isso aí vai explodir", disse, com o respaldo de algumas capas que já fizera para a revista (como "Ele complica a vida do governo", sobre PC Farias, e "Collor, o solitário").

Já em meados de 1992, *Veja* dominou o noticiário sobre a crise do governo Collor. Na capa da edição de 26 de maio, a matéria "Pedro Collor conta tudo" daria combustível para radicalizar a CPI.

De volta a Brasília, com Sílvia, Santana chefiava uma sucursal bem menor que a de *Veja*. O diretor administrativo era o jornalista José Carlos Bardawil. Os santos não bateram. Santana o ignorava e não deixava que participasse da vida jornalística da sucursal.

Uma vez perdeu a calma, mandou que Bardawil saísse de sua sala e proibiu sua presença na área da redação.

Jornalista experiente e respeitado, mas, naquele momento, num cargo árduo, Bardawil tinha o respaldo de Domingo Alzugaray, o dono, e de Mino Carta, o redator-chefe. Mas não entrou novamente na redação.

Os chefes diretos de J. Santana Filho, como passou a assinar, eram o diretor da redação de São Paulo, Nelson

Letaif, e Mino Carta. Santana procurava uma cobertura diferenciada de *Veja* — e, claro, furos de reportagem, especialmente sobre a crise do governo Collor.

Obteve uma entrevista exclusiva do novo governador baiano Antônio Carlos Magalhães, dileta fonte, agora nas hostes colloridas. Collor ainda era presidente. "O vice Itamar Franco tem condições de assumir?", provocou o repórter. ACM disse que não: "Para se afastar um presidente tem de haver motivos. Esse clima de artificialismo e emocionalismo que está sendo montado significa rasgar a Constituição. E se a Constituição for rasgada para afastar o presidente, evidentemente que ela também vai ser rasgada para afastar o vice."

Conseguiu que Itamar Franco respondesse a ACM, numa entrevista por escrito. *IstoÉ* deu uma capa com os dois se digladiando. Faltava, entretanto, a reportagem matadora, sempre difícil de aparecer.

Em uma longa entrevista para o livro *Imprensa e poder: Ligações perigosas*, de Emiliano José, Santana falou muito daquele período. A publicação é de 1996. Já estava afastado do jornalismo e era diretor da Nove Marketing Político, em São Paulo.

"O Pedro Collor nos quebrou inicialmente a 'guia'. Passamos um mês e meio debaixo de um temporal, inclusive porque o Pedro Collor parecia ter assumido uma espécie de contrato de exclusividade com a *Veja*. No início ele não atendia nem telefonema nosso. Foi quando, em uma decisão bastante arriscada, resolvemos inverter todo o esquadro da cobertura. Ali era tudo ou nada, e deu tudo, com o Eriberto."

Eriberto França foi o motorista que comprovou as ligações entre a receita de Paulo César Farias e as despesas particulares do presidente Collor, além de aluguel de carros para a Presidência da República.

Sua denúncia — "Testemunha-chave", na edição 1.187, de 1º de julho de 1992 — foi um furaço de *IstoÉ*. Assinada por Augusto Fonseca, J. Santana Filho e Mino Pedrosa (fotos), forneceu à CPI a prova da ligação entre o presidente e PC Farias. E ganhou o Prêmio Esso de Reportagem daquele ano.

Era um grande passo para quem vinha correndo atrás de sucesso — ou de poder, como diria Risério —, mas foi justamente depois dele que J. Santana Filho abandonou o jornalismo.

A capa desta edição de *IstoÉ* é rigorosamente única na história da imprensa brasileira: contempla, no mesmo espaço, um garrafal "Collor exclusivo" — em que o presidente basicamente se defende — e, num cantinho em diagonal, no alto, à esquerda, a chamada da matéria que o acusava: "CPI — Aparece uma testemunha-chave."

J. Santana Filho assina as duas — a primeira, a entrevista do presidente com o diretor de redação, Mino

Carta. Um "case" para dissertação de mestrado — e com certeza o momento mais tenso de sua carreira jornalística.

A exclusiva com Collor já estava marcada, a pedido de Mino Carta, para dar espaço de defesa ao presidente acossado por denúncias, principalmente da concorrente.

Carta já se aprontava para ir a Brasília quando seu xará, o fotógrafo-repórter Mino Pedrosa, e o repórter Augusto Fonseca chegaram a Eriberto França. A pista inicial — uma empresa do setor elétrico, ligada ao esquema PC Farias — foi dada a João Santana pelo correspondente Bob Fernandes, àquela altura em Boston.

Informado de que os dois repórteres haviam acertado a mão — com riscos, peripécias e até a senha "o bebê está com febre" —, o chefe da sucursal assumiu a coordenação dos trabalhos.

"Ele sabia que o dono da revista, Domingo Alzugaray, queria se aproximar do Collor, sabia que a exclusiva já estava marcada, mas em nenhum segundo vacilou", disse Pedrosa numa entrevista ao telefone. "Trabalhou com a gente de igual para igual."

O repórter Augusto Fonseca entrou na *IstoÉ* no começo de 1992, a convite de J. Santana Filho. Estava na sucursal do *Jornal do Brasil*, prestigiado, mas gostou da conversa e aceitou o chamado. "Era uma sucursal com pouca gente, tinha que ser meio guerrilheiro", contou também por telefone. "*Veja* tinha uma grande sucursal, a disputa era injusta, e toda semana tomávamos furo."

Santana era, na lembrança de Fonseca: centralizador, reservado, quase sempre sisudo, de poucas palavras — cobrando os furos, na pressão, mas ajudando na apuração, quando fosse o caso, e nunca deixando de dar o arremate final no texto que ia para São Paulo.

Continuava acendendo um cigarro no outro, e metralhando a máquina de escrever. Tinha paranoia manifesta a possíveis vazamentos de matérias exclusivas.

Na reportagem com Eriberto, a paranoia escalou paredes — mas nada vazou. A preocupação maior era mesmo a de garantir a publicação da denúncia numa edição em que o presidente da República seria a capa. "Sem a articulação do João, a matéria não teria saído", disse Fonseca.

O momento-chave foi a ida de Eriberto — muito apavorado — à redação de *IstoÉ*, onde deu a entrevista para o trio e entregou os documentos que tinha. Para garantir sua segurança, João Santana o despachou para Salvador, sob os cuidados do sempre a postos Paulo Alves, que cuidou dele. Até em Tucano Eriberto foi parar.

O movimento mais ousado de Santana, para respaldar o que possuía, foi procurar sigilosamente o senador

Mário Covas, integrante da CPI. Covas foi posto a par, achou as informações explosivas e soube manter segredo até que a matéria saísse. Era uma forma de se resguardar para a eventual possibilidade de não ser publicada.

Mino Carta chegou a Brasília para a exclusiva com o presidente. Santana então o informou sobre a apuração. Como ainda estava em andamento, decidiram não mencioná-la durante a entrevista com Collor. Assim foi.

Só na madrugada do fechamento o presidente foi informado, por Domingo Alzugaray, que outra matéria iria empanar o brilho da exclusiva. E empanou. Eriberto foi chamado à CPI. A reunião preparatória, com deputados e senadores da Comissão, ocorreu no apartamento de João Santana. Deu no que deu. Furaço. Barba, cabelo e bigode.

O diretor de redação de *Veja* na época, Mario Sergio Conti, contou o que lá ocorreu em seu *Notícias do Planalto*:

Na segunda-feira, enquanto a redação de *IstoÉ* vivia a sensação de ter marcado um gol de placa e virado o jogo, a de *Veja* parecia um velório. Além de ter levado um furo, a capa da revista apostava que Collor terminaria o mandato. Abatido, fui para a reunião com Roberto Civita, que tentou me confortar. "Não se pode acertar todas", disse, "e, apesar dos pesares, pelo menos *Veja* não está mais sozinha na apuração do caso. A única coisa chata foi que logo a *IstoÉ* tenha dado o furo."[21]

"João Santana é um poeta, uma pessoa incomparável", disse Mino Pedrosa numa entrevista ao telefone. "E comia cigarro", acrescentou.

Pedrosa e toda a redação acompanharam, uns de longe, outros de perto, a troca da psicóloga Sílvia, a V, pela repórter Alessandra Augusta, a VI — o que lhe rendeu, entre os amigos, o apelido de Dom João VI.

Ela, repórter da própria sucursal e namorada de outro, estagiário, ambos a ele subordinados. Um dia Alessandra pediu uma carona — e foi o que bastou para juntar os corações imprudentes.

O azar é que Sílvia, estranhando a demora, ligou para Augusto Fonseca, tarde da noite. Ele atendeu, sonolento, e deixou miseravelmente escapar que o vira sair, mais cedo, com Alessandra Augusta. "Entendi", ela disse.

Quando o Don Juan chegou, de manhã, tiveram a conversa final, sem grande drama, e cada qual foi tocar sua vida.

---

[21] *Notícias do Planalto*, de Mario Sergio Conti, tem um detalhado relato sobre a matéria com o motorista Eriberto França.

João Santana mantém um relacionamento cordial, embora distante, com a maioria de suas ex-mulheres. Houve época em que algumas delas tinham uma extensão de seu cartão de crédito.

"Testemunha-chave" tem um subtítulo: "Depois de tantos rebates falsos, surge, enfim, a primeira indicação do elo Brasil-Jet, empresa de PC Farias, com a Casa da Dinda." E começa assim:

> Maria Gomes é titular da conta número 01.0047778 do Banco Comercial Bancesa S.A., na agência 0018, na 502 Sul, em Brasília. Toda vez que sua conta fica sem fundos, ela pega o telefone e liga para o escritório do empresário Paulo Cesar Cavalcante Farias, em São Paulo, e pede que a secretária Rose envie mais dinheiro. Quando a quantia entra em sua conta, Maria Gomes determina que seu motorista faça depósitos, pague os salários dos funcionários da Casa da Dinda, as contas de luz e telefone do presidente Fernando Collor, faça remessa de dinheiro para parentes do presidente ou vá pagar a fatura dos serviços prestados à família presidencial pelo Hélio Instituto de Beleza Ltda. O número do CPF de Maria Gomes é 073601264-87. Estranhamente, o CPF 073601264-87 pertence a Ana Maria Acioli Gomes

de Melo, que, por acaso, vem a ser Ana Acioli, secretária do presidente Collor desde os tempos em que ele era prefeito de Maceió.[22]

Na longa entrevista para o livro de Emiliano José,[23] João Santana, já então marqueteiro, fez algumas perorações a respeito. Exemplos:

> O que desejo frisar, e tentar corrigir, é o equívoco da leitura, já consolidada, de que o caso Collor significou o ápice do jornalismo investigativo. Isso é falso. Ele foi, sim, o momento glorioso da competição jornalística, quando todos os veículos da grande imprensa lançaram-se num jogo decisivo de sobrevivência, um jogo de vida e morte. [...]
> O jornalismo investigativo brasileiro continua, antes e depois do Collor, onde sempre esteve: na estaca zero.

---

[22] Íntegra em: <http://entrevistasempauta.blogspot.com.br/2011/05/e-o-senhor-acha-pouco.html>.

[23] Os outros entrevistados no livro são Antônio Fausto Neto, Augusto Fonseca, Bob Fernandes e Clóvis Rossi.

19
O romance-catarse:
Aquele sol negro azulado

"E Mila adormeceu, começando um sonho, no qual pescava em compota de pequeninas picas adocicadas."

Mila é um dos protagonistas do único romance de João Santana, *Aquele sol negro azulado*. Foi publicado em 2002, pela Versal Editores, e está à venda em sebos virtuais.

A pescaria de Mila começa na página 141. E continua assim:

> De uma compoteira retirava um pequeníssimo falo, sabor de abacaxi, noutra sabor framboesa, e foi na pequenina pica de manga, que embaixo abraçava, colada, uma xoxotinha de cupuaçu,

mais outra piquinha de marmelo pregada a uma xoxota de goiaba, piquinhas e xoxotinhas dentro de asas de mangaba de anjo, que começaram a se colar, açucarados, os dois sexos, em baba de moça.

São 282 páginas com a mirabolante história do casal Mila e Carlos. Os cenários são Washington, Brasília e a Floresta Amazônica. Santana o foi escrevendo, desordenadamente, em diversos períodos de sua vida movimentada — parte deles mergulhado na curtição de cachaça, maconha, cogumelos alucinógenos e otras-cositas-más.

Resolveu retomá-lo depois de ganhar o Prêmio Esso de 1992. Recebeu a estatueta, com Mino Pedrosa e Augusto Fonseca. "Depois fomos para um bar que funcionava num vagão de trem, e bebemos e dançamos a noite inteira", lembra Fonseca. Mais tarde, ele e João Santana seriam parceiros em algumas empreitadas do marketing político.

Logo depois do Esso, premiou-se com um período sabático, pegou Alessandra Augusta e se mandaram para a casa de ferro da praia de Trancoso, em Porto Seguro, litoral sul da Bahia. Aquela que Lelé Filgueiras projetara. Ainda estava em construção — e ele se jogou no romance.

Foi uma catarse. O narrador de Santana acertou as contas com o sexo dos anjos e dos demônios, e com a parte podre da política brasileira (que acabara de testemunhar). Entre vaginas e pênis — para todo gosto —, dedicou trechos sulfúrico-escatológicos aos poderes da República.

O Judiciário é achincalhado pelo senador Pinheiro, marido da juíza Gildete. Injustiçado e ofendido com uma decisão judicial que proibira um comício de sua campanha, o senador mandou improvisar um palanque, e, "íntima ardência, tremendo mau gosto", abriu o verbo:

O Judiciário? Por ele, tenho muito carinho, tenho muito respeito. Enrabo e boto o nobre poder pra chupar todo dia. E se lhe dedico a parte mais sagrada da minha anatomia é porque, como já disse, tenho por ele profundo carinho e imenso respeito.

Com Pinheiro, a narrativa é cruel:

Senador pelo Paraná, o velho Pinheiro tinha paixão e culto profundo por suas próprias fezes. Não um culto isolado e tímido, mas um rito imemorial e sublime, que envolvia desde o ato de cagar até uma louvação alentada, em prosa e verso, da própria merda.

Mais um trecho sobre Pinheiro, de muitos:

A importância do senador e de suas cagadas era tão grande que a mesa chegava a paralisar votações importantes no Congresso, apenas para que ele pudesse ir ao banheiro. Idas religiosas e constantes: quatro vezes ao dia, e nada, absolutamente nada, na República interrompia essa doutrina. (Ao contrário, houve ocasiões em que as cagadas de Pinheiro, mesmo que por breves instantes, simplesmente paralisaram o país).

A Câmara dos Deputados também foi contemplada, no romance, com uma chuva de dinheiro. Lançado, "do último andar de um dos prédios do Congresso", pelo jornalista Otacílio, o Ota.

Gaúcho, Ota define-se como "uma matéria escrita ao contrário", com o *lead* no pé. Publicara uma série de reportagens denunciando um deputado "notoriamente corrupto". Arguindo "uma pequena falha documental", o deputado obteve direito de resposta, e Ota perdeu o emprego.

Mais tarde, quando uma CPI confirmou suas denúncias contra o agora ex-deputado, Ota o processou e ganhou 80 mil dólares de indenização. Vingado, a ousadia compareceu. Num final de tarde, com o dinheiro trocado em cédulas menores, foi até o último andar de um dos anexos.

A cena está na página 120 do livro de João Santana:

Da janela, começou a lançar uma chuva de dinheiro. O pouco vento da tarde seca do cerrado fez com que as cédulas descessem suaves, compactas, pingos de dólar, em leve bailado, a excitar funcionários e políticos. Foi um deus nos acuda: burocratas, seguranças, e mesmo alguns deputados e senadores correram em disparada, para aparar nas mãos, nos bolsos, e até em pastas a fortuna que caía dos céus. Um deputado paulista, mais ágil e desinibido, notabilizou-se pelo uso de uma mala preta sanfonada, que ele abria e fechava freneticamente, como um sofisticado alçapão de engolir dólar. "Vejam, vejam", ele gritava em delírio, "só pesco notas de cem."

Vaginas e pênis abundam (com perdão do trocadilho). A primeira está classificada em nada menos do que catorze tipos, cada qual com sua detalhada e criativa descrição. São eles: xota abóbada azulada, brasa endiabrada, mamãe eu quero, de siri, gaita de fole, dedo de veludo, Vênus de Apuleio, menina fujona, grota oceânica, arco-íris, alicate, serpente alada, porta de cadeia e rainha. Exemplos:

Abóbada azulada — "aberta para o alto, recolhe a caceta como um mergulho empanado de céu".

Brasa endiabrada — "crepitante como fogo, pentelhos vermelhos com gosto de farofa de saúva".

Menina fujona — "meio apertada, meio frouxa, deixa escapar a caceta de vez em quando, para engoli-la rediviva, arroxeando a glande e balançando as bolas".

Arco-íris: "coberta por uma pequena selva respingada de gotas tímidas que se abrem suspeitas de segredos, loucas para se revelar".

O pênis também foi contemplado, em muitas variações daquela palavra de quatro letras, com os adjetivos rocambolesca, gigante, adocicada e balouçante, entre outros.

Há, também, palavra-montagem (como se dizia): cartazmagórico, adormeleceu, linguaferiu a glandeusabrindo, afrofegante e languinundou delapétala flor, entre outras.

Dada por encerrada a primeira versão, ali por 1993, Santana a deixou na gaveta. Uns três ou quatro amigos leram, entre eles Antônio Risério e Paulo Alves. Fizeram sugestões, que o autor basicamente não incorporou, mas opinaram favoravelmente à publicação.

Aquele sol negro azulado — que são as últimas palavras do romance — continuou na gaveta.

20
No marketing político, com Duda Mendonça

Depois da folga sabática, em Trancoso, João Santana decidiu-se pelo marketing político. "Jornalismo não dá camisa a ninguém", dizia a quem perguntava se voltaria às redações.

Queria ganhar dinheiro. Aceitou um convite de Duda Mendonça — na agência Oyo Cinema e Vídeo — e mudou-se com Alessandra Augusta para São Paulo. Ela também trabalhou na Oyo — e seguiria na carreira de marqueteira, até hoje.

Àquela altura, 1994, Duda Mendonça já fizera a campanha vitoriosa do prefeito pedessista Paulo Maluf contra o petista Eduardo Suplicy, nas eleições de 1992.

João Santana entrou na agência como contratado, e depois virou sócio.

Sua principal campanha de 1994 — com Alessandra Augusta o assessorando — foi a do então senador Garibaldi Alves, do PMDB, ao governo do Rio Grande do Norte. Ele ganharia no primeiro turno, contra Lavoisier Maia, do PDS. "Eu conheci João Santana no tempo que ele era pobre", disse o bom humor de Garibaldi Alves quando ainda ministro da Previdência da presidente Dilma Rousseff. "Eu era feio demais, muito desajeitado, usava uns óculos de tartaruga com lentes muito grossas, um verdadeiro anticandidato. Ele mudou minha imagem, e ganhei de primeira."

Santana mudou os óculos, acabou com a retórica nos discursos, colou nele o rótulo de conciliador. "É a imagem que perdura até hoje", disse o político potiguar.

"Ele é um de nós" e "Garibaldi, o meu governador" foram os motes que marcaram a campanha. "Fui disciplinado, fiz tudo o que ele quis, e ele também deve ter aprendido comigo."

Voltando do passado, Garibaldi comentou: "Hoje ele é muito mais importante do que eu. É um interlocutor frequente dela [da presidente Dilma]. Eu não sei se ele tem falado bem de mim para ela. Tomara que sim."

Em 1996, com Duda Mendonça, João Santana trabalhou na campanha que elegeu Celso Pitta, o poste de

Maluf, prefeito de São Paulo. Depois foi para a Argentina — onde Duda abrira uma nova frente de trabalho.

O primeiro desafio, em 1998, era eleger José Manuel de la Sota para governador de Córdoba. De la Sota perdera três campanhas seguidas — e estava carimbado como pé-frio.

Santana, então, fechou o foco na proposta de rebaixar em até 30% os impostos provinciais. Bateu nesta tecla até o piano desafinar — e De la Sota ganhou no primeiro turno, de Ramón Mestre, com mais de 60% dos votos.

Um episódio inusitado carimbou a equipe da campanha — a recusa de um ator em gravar um texto que João Santana escrevera. Eram 11 horas da noite, e o vídeo tinha de ir ao ar no dia seguinte. "Isso aqui eu não gravo", decretou o figurante, divergindo dos muitos elogios a De la Sota.

No estúdio, dirigindo a gravação, estava o diretor de fotografia Felipe Davina, argentino e já antigo colaborador da Polis. Ele ligou para João Santana, no escritório de Córdoba. "Tem que mudar o texto, se não ele não grava", informou. Foi um deus nos acuda do outro lado da linha. Davina sugeriu, cuidadosamente, que o texto talvez, quem sabe, pudesse ser mais sutil, em prol da solução do impasse... E então ouviu um berro: "De sutileza entendo eu, caralho!"

Na hora em que bateu o telefone na cara de Davina, ensandecido, Santana ouviu, do redator Ricardo

Amado, que assistia à cena: "Realmente, você é o rei da sutileza."

Davina se divertiu contando a história pelo telefone. "Ele não aceitou alterar o texto e tivemos que trocar o ator", relatou. "O João é um cara que te puxa, controla cada detalhe, mas deixa claro para a equipe qual é a estratégia do jogo."

O marqueteiro e romancista Marcelo Simões também participou das campanhas da Argentina. E viu Santana dar um murro na mesa ao criticar o trabalho de uma redatora. "Quando ele morde o polegar e o indicador direito, sai de baixo", comentou.

O jornalista Manoel Canabarro, que Santana conhecera nos tempos de *Veja*, integrou a equipe da campanha de De la Sota. "Entrei verde, mas aprendi muito. O João é inteligente, sério, e muito exigente."

Comparando Duda e João Santana, definiu o primeiro como "o genial intuitivo", e o segundo como "o genial racional".

No ano seguinte, 1999, na mesma Argentina, veio a campanha de Eduardo Duhalde à Presidência da República, contra Fernando de la Rúa.

Duda e Santana assumiram no lugar de ninguém menos que o consultor americano James Carville, que Duhalde afastara. Dos 20% que tinha, subiu a 40%. Mas De la Rúa ganharia.

Em 2001, Duhalde convidou Santana/Duda para sua campanha ao Senado, e obteve uma vitória recorde sobre o ex-presidente Raúl Alfonsín. Quando chegou à Presidência em 2002, por eleição indireta, no meio de uma crise dramática, chamou Santana — já sem Duda — para ser seu principal consultor.

Em 2000, a empresa de Duda assumiu a campanha para a reeleição do petista Antonio Palocci à prefeitura de Ribeirão Preto. Santana a dirigiu, lá, venceu e ganhou a simpatia e a confiança de Palocci.

Lula já admirava Duda Mendonça. Conheceram-se em 1994, pelas mãos do jornalista Ricardo Kotscho, e desde então ficara no ar o desejo de trazer sua competência para uma campanha nacional. A preliminar com Palocci foi determinante para que isso acontecesse.

No final de 2000, Duda e João Santana jantaram na casa de Lula, presentes, ainda, Palocci e José Dirceu.

O marqueteiro contou a história no almoço do Figueira Rubayat: "Naquele momento havia um descrédito absoluto em relação à capacidade de vitória do Lula — até do próprio Lula. O Duda queria que o candidato fosse o Suplicy, ou o Tarso Genro. Eu coordenei as pesquisas, quantis [quantitativas] e qualis [qualitativas], e os números deram Lula, claramente. O Duda não acreditou, e pediu pra repetir. Eu repeti, por amostragem, e veio uma onda gigantesca para o Lula. Fiz um diagnóstico, analisando esses números. O Duda era visto como malufista, então fui eu que apresentei, primeiro ao Lula e à direção executiva, e, depois, a uma reunião ampliada do Diretório Nacional, com uns trinta caciques do PT. Ficaram fascinados, e foi assim que a candidatura de Lula renasceu."[24]

Lula ficou grato e convidou João Santana para um bacalhau de botequim, só os dois, segundo o marqueteiro. "Uns e outros aí queriam me rifar — e você deu a pá de cal", disse o candidato petista na versão joanina.

Começaram a trabalhar na pré-campanha de 2001. A estrela (e o patrão) era Duda — e João começou a se incomodar. Ozeas Duarte, então do diretório nacional do PT, e coordenador de comunicação da campanha — há muito afastado do partido —, foi um dos que percebeu a chateação de Santana.

Uma vez, quando Duda pensava, numa sala de porta fechada, com a luz vermelha acesa, para ninguém entrar, Santana o apontou e comentou com Duarte, azedo: "Esse aí, se escrever mais de dez linhas, tem um curto-circuito."

Em 2001, quando a campanha de Lula começava a esquentar, a paciência de Santana transbordou. A úl-

---

[24] Duda Mendonça e o ex-presidente Lula não quiseram dar entrevista.

tima gota seria o livro lançado por Duda Mendonça, *Casos & coisas*. As primeiras versões haviam sido escritas por *ghost-writers* convidados — entre eles Antônio Risério (que, no período, mal conhecia João Santana). Duda contava suas histórias, eles redigiam, e depois o publicitário dava o arremate.

Dos que leram, alguns contaram a João Santana que ele não aparecia muito — inclusive nos relatos sobre as campanhas eleitorais na Argentina, onde comandou as equipes, com Mendonça mal dando as caras. Duda mostrou o texto a Santana, antes de lançar. Ele não se manifestou, nem contra, nem a favor, e o livro saiu.

Casos & coisas cita João Santana nos seguintes trechos:

Capítulo 4:

Um bom exemplo disso é a influência que eu e meu sócio, João Santana, exercemos um sobre o outro nos últimos anos. Hoje, já sou também um pouco jornalista — e ele, um pouco publicitário. Aliás, com seu jeito calado e avesso a badalações, João é hoje um dos grandes nomes do marketing político brasileiro.

Capítulo 18:

O que temos feito lá [na Argentina] é um trabalho brilhante do meu sócio João Santana, nosso principal comandante na Argentina, e do Manoel Canabarro, nosso homem em Córdoba. Aliás, a nossa presença, naquele país, é cada vez mais forte. Nos últimos três anos, fizemos muitas campanhas — de presidente da República, passando por governadores, intendentes (prefeitos) e senadores, até eleições em pequenos "pueblos" e eleições legislativas — com um índice de vitórias em torno de 90%.

Capítulo 21:

Logo que cheguei [em Salvador], recebi um recado do José Dirceu, presidente nacional do PT. Ele havia telefonado e pedia para eu retornar a ligação. Com urgência. Achei que era o que acabou mesmo sendo: um jantar na casa do Lula, para uma "retomada de conversas antigas". O jantar foi ótimo. Superdescontraído. Estávamos lá apenas eu, João Santana, Palocci, Dirceu e Lula. Ao final, o assunto foi colocado na mesa. O PT gostaria de nos contratar para criar e produzir seus dois programas nacionais deste ano, todos os seus comerciais de TV e uma campanha contra a corrupção.

Bastou olhar para a cara do João para saber de imediato o que ele estava pensando. Amigo do Antonio Palocci — para quem tínhamos feito a mais recente campanha (vitoriosa) para prefeito de Ribeirão Preto —, João, como eu, sonhava com aquele momento.

Capítulo 23:

Desde o início de nossas conversas, deixei claro, para todo o partido, que, a meu ver, os problemas do PT eram muito mais de comunicação, de propaganda mesmo, do que de marketing. Ou seja: como afirmei num dos capítulos deste livro, um problema muito mais de forma que de conteúdo. Assim, não foi difícil para mim, para João Santana e para toda a nossa equipe transformar as orientações, passadas a nós pela Comissão de Propaganda do partido, num programa de televisão claro, leve, simpático e emocional.

Sem prejudicar em nada, é claro, o conteúdo político-ideológico, marca registrada do Partido dos Trabalhadores. O que significa que o que apareceu no programa foi, simultaneamente, o mesmo PT e o novo PT. Mudamos certamente a forma, mas mantendo todo o conteúdo.

Capítulo 24:

A última etapa do nosso contrato com o PT, a que já me referi, era exatamente a realização do programa nacional e dos comerciais que foram ao ar durante setembro de 2001. Neste caso, o desafio era diferente, na verdade, era quase uma disputa de nós com nós mesmos. O primeiro programa agradou tanto, que muita gente afirmava que não conseguiríamos repetir a dose. Como eu e João, Edu, Ge, Xande, Marcelinho, Tarcísio, Lô, Robério, Laonte, Márcia, Carlão, Garcia, Ricardo e toda a minha turma somos movidos a desafio, passou a ser para nós uma questão de honra fazer com que o segundo programa fosse melhor do que o primeiro. E sabíamos que tínhamos nas mãos todos os instrumentos para isso. O entrosamento com o PT crescera muito, a confiança aumentara, tínhamos mais tempo para fazer o trabalho e toda a equipe estava motivada.

Capítulo 25 (passagem ocorrida no dia 11 de setembro de 2001, o do atentado às torres gêmeas em Nova York):

Imediatamente, liguei para o João Santana, que se encontrava no apartamento vizinho.

João, jornalista experiente, foi logo me dizendo:

— Isso é o terrorismo, bicho. E quem deve estar por trás é Osama Bin Laden.

Confesso a minha santa ignorância. Era a primeira vez que eu ouvia aquele nome, em toda a minha vida. E mal sabia que jamais iria esquecê-lo. Logo depois, veio a notícia da explosão no Pentágono. O pânico generalizado.

Novamente, João no telefone. Desta vez, bastante agoniado. A sua filha Suriá, que mora em Boston, havia embarcado em São Paulo às 11 horas da noite passada e deveria estar chegando lá exatamente naquele momento. Sua agonia só passou 2 horas da tarde, quando recebeu notícias dela. Até lá, João sofreu um bocado.

O problema, na ótica de João Santana, é que Duda Mendonça exagerou demais na sua própria participação. Já existia Mônica Moura, a VII, que acompanhou a crise de perto e tampouco gostou do livro.

Santana poderia ter ficado calado a respeito, até hoje — ele é bom de engolir sapo —, mas a chateação somou-se a outras divergências, inclusive financeiras, e, também, ao sonho de um voo solo, que o casal já vinha cevando.

Como já estava no limite, saiu do sério. Foi à residência de Mendonça, em Salvador, e disse com todas as letras, e alguns cabeludos palavrões, que estava saindo fora porque não mais aguentava trabalhar com ele.

Duda ofereceu mais 11% de sociedade nos 9% que o parceiro tinha. Santana ofendeu-se, e não voltou atrás. Falou a Mendonça que iria para São Paulo, explicar a situação a Lula, sem criar problemas para a continuidade da campanha.

Duda não acreditou que ele não fosse criar problemas — tinha cacife para fazê-lo, sabiam ambos —, mas

143

foi exatamente isso que Santana fez, sem choro, sem vela e sem retaliação.

Antônio Risério seguiu com Duda. Assistiu, no comecinho da campanha, à quase completa desimportância de Antonio Palocci, o ex-prefeito de Ribeirão Preto.

Não tinha nem sala própria para trabalhar no comitê. Chegou a pedir espaço numa ponta da de Risério, que tinha o seu próprio espaço. "Eu fiquei, porque o importante era fazer o que fosse possível para contribuir com a vitória de Lula. Até suportar o insuportável, que no caso atendia pelo nome de Duda Mendonça", comentou o poeta.

(Palocci viraria capa preta depois da morte trágica do prefeito Celso Daniel, coordenador da campanha até ser assassinado.)

"Confirmei a Lula que Duda iria continuar, e que eu estava saindo", contou João Santana. "Ele ainda insistiu, mas, no final, compreendeu que eu não voltaria atrás, me deu um abraço, abriu a gaveta e me presenteou com um comprimido enorme de Viagra, que ganhou de presente."

(Na segunda entrevista no Figueira Rubayat, Santana voltaria a esse ponto, jocosamente, para acrescentar que não precisa do estimulante: "Essa porra ainda

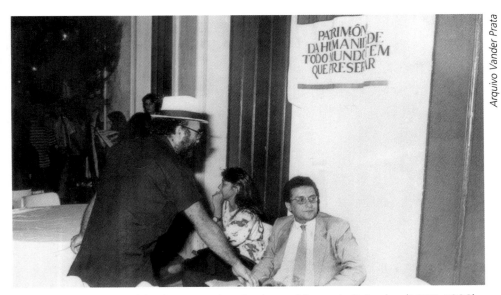

João Santana, secretário de Comunicação da prefeitura de Salvador (1986-1988), na campanha pela preservação do Pelourinho.

O marqueteiro de "Cacete do povo" na campanha do prefeito Fernando José (à esquerda, de gravata), em 1988.

Com Duda Mendonça, nos tempos de paz. No meio, o jornalista Vander Prata.

Capa da revista *IstoÉ*, de 1º de julho de 1992. O furo de reportagem que ganhou o Prêmio Esso está no canto esquerdo: "CPI: aparece uma testemunha-chave".

A reportagem exclusiva de João Santana Filho, Augusto Fonseca e Mino Pedrosa com o motorista Eriberto França. IstoÉ, 1º de julho de 1992.

Lançamento do romance *Aquele sol negro azulado*, em fevereiro de 2003, na Livraria Cultura, no Conjunto Nacional, em São Paulo.

Campanha de 2006: Santana, Clara Ant e a então ministra Dilma Rousseff assessoram o presidente Lula em intervalo do debate, no SBT, com o governador Geraldo Alckmin.

Com o ex-ministro Antonio Palocci, seu amigo, na convenção que oficializou a candidatura de Dilma Rousseff, em maio de 2010.

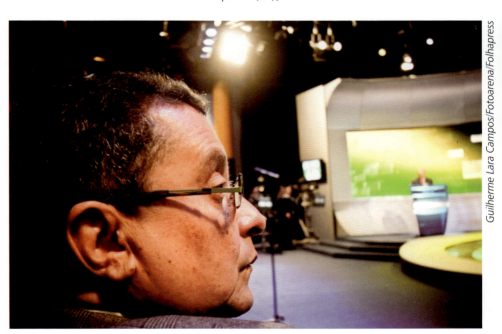

Com o presidente Lula em comício da campanha de Dilma Rousseff, em Campinas (SP), 2010.

Na campanha de Dilma, em agosto de 2010, acompanhando o debate entre presidenciáveis promovido pela TV Bandeirantes, em São Paulo.

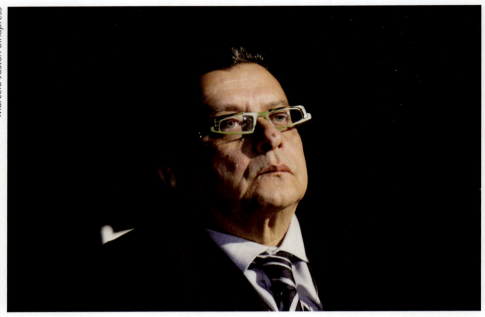

Em agosto de 2010, no Teatro Tuca, em São Paulo, assistindo, com os óculos invertidos, ao debate on-line Folha/UOL entre Dilma Rousseff, Marina Silva e José Serra.

Em outubro de 2010, antes do debate da TV Globo, no estúdio do Projac, em Jacarepaguá, Rio de Janeiro, com a presidente Dilma Rousseff.

Orientando a presidente-candidata, em intervalo do debate da TV Record, em setembro de 2014.

Entre a presidente Dilma Rousseff e o presidente do PT, Rui Falcão, durante evento com governadores do PT e partidos aliados, em Brasília, outubro de 2014.

Com Fernando Pimentel, ex-ministro e governador eleito de Minas Gerais, durante evento em Brasília, outubro de 2014.

O marqueteiro da campanha no evento que comemorou a vitória de Dilma Rousseff, em Brasília, 26 de outubro de 2014.

funciona", falou, num olhar de soslaio para o indigitado membro, felizmente em paz.)

"O que houve entre mim e Duda Mendonça foi uma disputa de egos", admitiu, na ocasião. "O fato é que eu não queria mais ter patrão."

Duda chegou a oferecer até recompensa para quem o trouxesse de volta — US$ 10 mil —, mas logo desistiu. Santana doaria suas ações na empresa para Maria Eduarda, filha de Mendonça.

21
Mônica Moura entra em cena

MM chegou bonita, elegante e desembaraçada em uma cafeteria do shopping Iguatemi, na zona oeste de São Paulo. O primeiro assunto foi a sequência certa das mulheres anteriores de João Santana — que ajudou a organizar, esbanjando bom humor: Lena Coutinho (mãe de Suriá), Lúcia Correa Lima (mãe de Aylê), Sahada Josephina, Lígia Bellini, Sahada Josephina (segundo tempo), Sílvia Castello Branco (a que mais durou, seis anos), Alessandra Augusta. "E depois eu", fechou.

Mônica é onze anos mais nova que João. Foi casada, bem antes dele, com o que veio a ser marido, depois dela, da quarta esposa de Santana, a vizinha de porta. Tiveram dois filhos — ela com o marido da outra.

Complicado?

"É a comborçagem baiana", diverte-se Paulo Alves, amigo de todas e de todas, ou quase. Simplificando: quis o destino (de novo!) que Santana casasse, em épocas diferentes, com duas mulheres do mesmo marido, em épocas diferentes.

Trocaram as primeiras figurinhas, Mônica e João, quando colegas na Faculdade de Jornalismo da UFBA — ela com 17 anos, entrando, ele já saindo, nos tempos da sucursal de *Veja*, com dois filhos, de dois casamentos. Estava de retorno à faculdade — que tinha largado por um tempo.

"João mal me olhava", contou Mônica, que olhava mais. Casou-se, e ele também. Casou-se novamente, e ele também. Mais uma vez, e ele também. No começo de 1998, estavam ambos separados dos respectivos consortes — Alessandra Augusta, no caso de Santana.

Reencontraram-se em Salvador — 15 de maio de 1998, ambos lembram —, e até hoje comemoram, romanticamente, às vezes com os quatro filhos em torno.

O casamento-namoro caminha para os vinte anos. Moram em um apartamento de 280 metros quadrados, quatro quartos, alugado, na Vila Conceição, ótimo bairro da zona sul de São Paulo.

Jantam fora praticamente todos os dias, nos melhores restaurantes, com os melhores vinhos, escolhidos, às vezes, no aplicativo que ela guarda no iPhone, o Vivino.

A tela mostra quarenta rótulos, de muitos tipos e safras. Santana decide. É muito de frutos do mar — com predileção pelo tirashi, da cozinha japonesa, que leva fatias cruas de peixe sobre uma tigela de arroz.

MM é ele para todas as tarefas práticas que possam existir: contatos com a imprensa, advogados, clientes, fornecedores, meia dúzia de secretários domésticos, problemas com filhos (e suas mães), netos, sogra, logística. É tudo com ela.

"Adoro cuidar do João", disse. "Ele é completamente inepto para coisas práticas. Se não prestar atenção, sai com uma meia de cada cor." Mônica também pega pesado na Polis, às vezes comandando campanhas em que o marqueteiro não pode estar sempre presente.

Já não estranha, portanto, as muitas excentricidades do marido — entre as quais a relação espiritual que ele contou ter com o morto e/ou desaparecido, há 75 anos, Ettore Majorana.

O Google informa que Majorana foi um físico italiano. Estudioso da energia nuclear, sumiu misteriosamente em 1938, com 32 anos. É a Dana de Teffé da física, por assim dizer. "Tenho uma relação misteriosa e cotidiana com ele", revelou o idiossincrático marqueteiro, a relembrar que o jovem cientista existiu.[25]

---

[25] *Majorana desapareceu*, livro do escritor italiano Leonardo Sciascia, está disponível nos sebos virtuais.

É o João Santana dos espíritos e do candomblé, de confessada forte influência. Durante a primeira entrevista no restaurante dos Jardins, houve momentos em que se achou falando mais do que pretendia. Fez uma pausa, acendeu a luz alta dos grandes olhos verdes, disse "Você tem um omulu...", e continuou a falar.

22
Voo solo

O primeiro colo que Santana procurou depois do rompimento com o sócio — tirante o de Mônica, sempiterno — foi o do também ex-jornalista, marqueteiro e depois consultor de crises Mário Rosa, então parceiro de Duda Mendonça.

"Eram dois machos alfas, que não cabiam no mesmo bando", comparou Rosa. "O João estava sofrido, mas era um cara de Tucano, de farra, de energia vital."

Poderiam ter sido sócios, meio a meio, mas Rosa achou que, tendo dispensado Duda Mendonça, não era com ele, ainda uma promessa, que Santana compartilharia o mando.

★

Mônica, também marqueteira, tinha uma empresa de criação e produção de programas de rádio para campanhas e governos. Fechou-a e entrou de sócia, com o marido, na Polis Propaganda e Marketing, com sede em São Paulo, desde então sua principal empresa. Dele, com 80%, e de Mônica, com o restante.

Arrepanhou parte dos clientes de Duda Mendonça — principalmente os argentinos — e conseguiu outros, como o petista Delcídio do Amaral, de Mato Grosso do Sul (eleito senador em 2002, em uma campanha que começou com 3%).

Amaral lembrou-se de uma noite fria, em que os dois tomavam uísque doze anos e banho de piscina em sua casa de Campo Grande. "Ele nunca duvidou que eu fosse ganhar", disse o senador. "O João é um cara de convicções, que faz o marketing do bem, sem bruxaria e dossiês."

23
"Lasciate ogni speranza, voi ch' entrate"

"Aquilo tem putaria braba, do jeito que o João conhece, e muito", diz o professor Chibarra sobre *Aquele sol negro azulado*, o romance de seu amigo.

Chibarra foi um dos muitos convidados para o grande lançamento, em Salvador, no dia em que o autor completava 50 anos — 5 de janeiro de 2003 — e na véspera da Lavagem do Bonfim. Se abalou de Tucano — de ônibus —, aguardou a vez numa longa fila de autógrafos e só saiu no fim.

Santana bancou um festão, tudo organizado por Mônica Moura — que lera, gostara e o encorajara a publicar. "Foi uma grande festa, sincrética, ecumênica, e João assinou mais de oitocentos livros", disse MM.

A capa — um superclose de uma boca pintada com batom vermelho — é do artista plástico Angelo Venosa. A obra é dedicada a ela — "Para Mônica, que ressuscitou este livro. Amor" —, ao neto João Pedro e a Walter Smeták, *in memoriam*, "meu mestre, a quem o destino sabiamente poupou desta leitura. Gratidão".

Lançamento prestigiadíssimo. Tinha ministro de Lula (o ex-governador Waldir Pires), representante de ministro (Waly Salomão, por Gilberto Gil) e toda a Bahia política e cultural.

Entre ex, atual e futuros, os governadores eram cinco: ACM (a quem Mônica gentilmente livrou da fila), Waldir Pires, Paulo Souto, César Borges e Jaques Wagner. O prefeito Antonio Imbassahy, ex-prefeitos, senadores, governadores de outros estados do Nordeste, muitas beldades (como quase todas as ex-mulheres, além da VII), muitos famosos (como Caetano Veloso), muitos nem tanto (como Antônio Risério) e outros nem um pouco (como Chibarra).

O marqueteiro acreditou que o romance teria uma boa repercussão, faria um bom barulho — e abriria caminho para uma carreira mais sonhada do que todas as outras, a de escritor reconhecido, uma espécie de Glauber Rocha das letras nacionais.

A perspectiva literária fica clara nas epígrafes que escolheu. A que abre o romance é do poeta inglês John Dryden, do século XVII, uma estrofe sem tradução, em inglês d'antanho.[26] A segunda é de Charles Dickens, de *A Tale of Two Cities*, sem tradução.[27]

O epílogo tem o Dante de *Lasciate ogni speranza, voi ch' entrate*. (Perfeito, aliás, para o que viria...)

O próprio autor aparece, rapidamente, como o personagem J. Santana, jornalista, e amigos como Antônio Risério também, este na pele de um babalaô (hoje seria um exu).

Santana bancou, parcialmente, uma edição na Argentina, em espanhol, *Aquel sol negro azulado*, pela Editorial Biblos. Ficou impressionado com o glossário detalhista incluído no apêndice. Tampouco bombou, porém.

---

[26] "All, all of a piece throughout: / thy chase had a beast in view; / thy wars brought nothing about; / thy lovers were all untrue. / 'Tis well an old age is out, / and time to bring in a new.'" Na tradução de Felipe Maklouf Carvalho: "Tudo, tudo igual em todo lugar: / vossa caça visava às feras; / vossas guerras não trouxeram nada; / vossos amantes foram todos falsos. / 'É bom que uma antiga era chegue ao fim, / e é tempo de iniciar uma nova.'"

[27] "It was the best of times, it was the worst of times, it was the age of wisdom, it was the age of foolishness, it was the epoch of belief; it was the epoch of incredulity, it was the season of Light, it was the season of Darkness, it was the spring of hope, it was the winter of despair, we had everything before us, we had nothing before us, we were all going direct Heaven, we were all going direct the other way..." Na tradução de Felipe Maklouf Carvalho: "Foi o melhor dos tempos, foi o pior dos tempos, foi a era da sabedoria, foi a era da tolice, foi a época da crença, foi a época da incredulidade, foi a estação da Luz, foi a estação das Trevas, foi a primavera da esperança, foi o inverno do desespero, tínhamos tudo diante de nós, não tínhamos nada diante de nós, íamos todos direto para o céu, íamos todos direto na outra direção..."

Em novembro de 2004, seu amigo, o marqueteiro Paulo Alves, organizou um lançamento em Luanda, Angola, onde à época fazia a campanha presidencial para o Movimento Popular para a Libertação de Angola, MPLA.

João foi, com Mônica. Ficou emocionado com a apresentação de Alves — "o sertanejo de Tucano", "um romance sobre a formação da sociedade brasileira".

Autografou meia centena de exemplares, e depois foram passar uns dias em Cidade do Cabo — João, Mônica, Paulo Alves e Nizia, mulher dele, que logo retornaram ao Brasil.

João prosseguiu com Mônica, em um tour por outras cidades sul-africanas, que ninguém é de ferro.

Chegou a sair uma segunda edição brasileira, mas tudo foi muito aquém do que ele imaginou que poderia ter sido. E olha que há muito, muito mais do que a pequena amostra já citada.

Exemplos soltos, pescados na compoteira do narrador:

Seus dias pareciam bananeiras repletas de cachos de orgasmos. [...]

A punheta, mal-assinalada palavra, apequenada em denso vocábulo masturbação, reduzida em pulsação amesquinhada e servil do ridículo feminino siririca, não seria a salvação do mundo? [...]

(em Brasília, não tenho dúvida, mais se punheta do que se trepa, 594 deputados com a mesma mão na bronha da noite anterior assinando leis na manhã seguinte) [...]

Brás arrastava, feliz e sem jeito, aquele pau enorme. Era incrível a sensação de ter um falo, e poder levá-lo, no corpo, por todos os lugares.

24
"O Lula quer falar com você"

Santana remou seu barco, com MM, e deu sorte nas pescarias, principalmente em águas platenses. Não fez um só movimento em direção ao presidente eleito, Lula, ou ao ministro da Fazenda, Antonio Palocci.

Passaram-se 2003, 2004, e chegou 2005, com as CPIs, a denúncia do chamado mensalão, e a maior crise política do governo petista.

Para abafar o incêndio, o PT nacional chamara o também ex-jornalista, baiano e marqueteiro Edson Barbosa, o Edinho, com sua respeitada e articulada Link Propaganda, que depois atenderia o governador Eduardo Campos (até a tragédia que o matou...).

São de Barbosa os primeiros vídeos a estilizar o "nunca antes na história desse país", até hoje ladainha do presidente Lula. Várias vezes João e Edinho estiveram em campanhas paralelas, ele antes, Santana depois. E assim também seria em 2005.

"O João é pensamento crítico, comunicação coordenada", disse Barbosa sobre o colega-concorrente. "Tem um portfólio encantador, e não é um prestidigitador", complementou.

Em agosto de 2005, João Santana e sua equipe estavam fazendo campanha em Córdoba, no maior frio. Ele viu, pela internet, o franco depoimento de Duda Mendonça à CPI dos Correios.[28] "Fiquei estarrecido. 'O governo acabou', pensei."

Dias depois, recebeu um telefonema do assessor do presidente, Gilberto Carvalho, depois ministro da Secretaria Geral da presidente Dilma. "O Lula quer saber se você pode vir a Brasília falar com ele", perguntou.

"Foi o Palocci que falou com o Lula", contou Carvalho. "O João veio e provocou um impacto imediato, porque trouxe muita convicção de que era possível reverter a

---

[28] O depoimento de Duda Mendonça à CPI dos Correios foi em 11 de agosto de 2005. A matéria da *Folha de S.Paulo* é um bom exemplo daquele momento: "Escândalo do 'Mensalão'/Lula na mira — Marqueteiro afirma que recebeu de Marcos Valério 11,9 milhões relativos a dívidas de 2002, mas procura preservar Lula — Duda diz que caixa 2 do PT pagou campanha." Disponível em: <http://www1.folha.uol.com.br/fsp/brasil/fc1208200507.htm>. Duda foi absolvido no julgamento do caso pelo Supremo Tribunal Federal.

crise. Eu ficava desconfiado, porque confesso que não tinha muita certeza. Mas ele devolveu a confiança, fez o próprio Lula recobrar o ânimo, e acertou a mão."

O que Santana trouxe de novidade, na leitura de Gilberto Carvalho, foi a inclusão das conquistas sociais do governo numa narrativa publicitária audaciosa, com foco nas mídias regionais.

Carvalho se recorda de um momento difícil: "Quando houve o escândalo dos aloprados e o Alckmin acabou indo para o segundo turno, o João ficou muito mal, completamente nocauteado, bem perdido. Aí já foram o Lula e o Palocci que o reanimaram."

Lula ganhou de Alckmin — por 60,83% a 39,17% dos votos.

"A reeleição de Lula foi a grande virada na vida da Polis", disse o outro sócio da empresa, Eduardo Costa, em outra cafeteria da zona sul de São Paulo.

Baiano (de Londrina, Paraná), Costa cruzou com Santana nas redações provincianas da terra — ele na *Tribuna da Bahia*, mais novo, João Santana no *Jornal da Bahia*, já chefe e metido a besta. Os jornais eram concorrentes do mesmo prédio — um no terceiro, outro no segundo andar.

Jornalista formado, Costa tocou a vida. Logo optaria por publicidade e marketing político. Trabalhou com Antônio Carlos Magalhães, e participou de campanhas no Amazonas (para Alfredo Nascimento e Amazonino Mendes), e no interior de São Paulo (João Herrmann, em Piracicaba), entre outras.

Já conhecia Mônica, da correria nas campanhas. Em 2001, já no pós-Duda, ela o convidou a entrar na empresa. "Topei de cara — e deu tudo certo, porque eu também sou um trator."

Estreitariam a amizade fazendo campanha em Córdoba, na Argentina. Costa já estava com Daisy Castro Alves — "descendente direta do poeta baiano", como acrescentou. Os dois casais ficaram amigos.

"João exige muito, porque também se dedica muito", explica o sócio. "Se for para ficar trinta horas trabalhando direto — é disso que ele gosta. Não é fácil. Você precisa estar pronto para dar resposta. Não adianta só ter talento."

A empresa voava bem, mas em altitude baixa, sem grandes milhões saindo e, principalmente, entrando. Até que Lula e a resposta positiva de Santana mudaram tudo.

"Nossa primeira reação foi de susto, porque achávamos que o Lula estava liquidado", disse Eduardo Costa. Santana, no entanto, exporia suas razões para aceitar o convite, num jantar que tiveram, com as respectivas mulheres, na casa de Interlagos. "Ele não podia recusar um desafio daqueles", comentou o sócio da Polis.

Seu pensamento, na ocasião: "Vamos entrar numa campanha presidencial que pode ser a última." Entraram. Costa comentou: "Trabalhamos com duzentas pessoas, seis, sete meses, sem final de semana, uma megaestrutura. O mote da ascensão social dos brasileiros foi fundamental. Até ali o governo não tinha sabido consolidar e aproveitar isso, a mídia muito menos. O grande mérito do João foi transformar isso em um conceito que veio ser o mote do Brasil sem miséria."

O melhor momento, para Eduardo Costa, seria a surpresa — "juro que foi surpresa!" — que conseguiram fazer para Lula na gravação do último programa, numa segunda-feira, exibido dois dias antes do aniversário do presidente.

Santana ligou para Daisy Castro Alves, em Brasília, de véspera, tarde da noite. Pediu um superbolo de aniversário e trinta crianças vestidas de branco. "Providencie, leve tudo para lá, bote numa sala, e vamos ver no que dá", reconstitui Costa.

Daisy enlouqueceu, se virou — e, na segunda, estava tudo lá, numa sala fechada, para o presidente não ver. Ele entrou, gravou o script de Santana e já ia sair. Foi quando as crianças apareceram, com o bolo enorme, e foram abraçá-lo.

Os câmeras, devidamente alertados e bem-posicionados, fizeram a festa. "Foi da porra", disse o baianês do paranaense.

Está no vídeo do último dia da campanha —[29] a sexta-feira anterior à votação do segundo turno. É um programa de 10 minutos, com o mote "É Lula de novo, com a força do povo". No oitavo minuto entra o escritor Paulo Coelho — parceiro de Raul Seixas, não custa lembrar — dando parabéns ao presidente e pedindo mais quatro anos "de fé, esperança e realizações". E então as crianças aparecem, angelicais, esvoaçantes e iluminadas, saindo de um trigal ou algo assim. Velinhas acesas e recortes de estrelas decoram o bolo. E o presidente, igualmente angelical, sai para os abraços.

Na trilha sonora da campanha de 2006, Santana teve a colaboração do produtor musical João Andrade, dono da Base Sonora, sediada no Rio de Janeiro. Já se conheciam desde a campanha de Celso Pitta, dez anos antes.

Andrade cuida das trilhas sonoras que vão ao ar. Às vezes tem de calar o texto de Santana com as melodias que cria, ou adapta. Numa dessas, o marqueteiro mandou loas ao presidente-candidato em um texto inicial de quatro páginas. "Reduz aí, xará, wxndns, queututzzzz, xvcvsvdvwrt", disse.

Andrade se inspirou, puxou uma nota daqui, outra dali, e saiu uma coisa meio Tom Jobim. Ao ouvir,

---

[29] Disponível em: <https://www.youtube.com/watch?v=AnhXXYCXwIo>.

Santana se amuou: "O homem é um titã, e você vem de bossa nova? Assim não dá."

Numa nova tentativa, para o mesmo texto, Andrade improvisava melodias e Santana declamava, experimentando. De repente, fez-se a luz: "É um aboio, tem que ter um aboio", mandou. E o músico encaixou o melhor som de aboio que pôde fazer.

Na campanha de 2014, foi João Andrade quem compôs a trilha sonora de "fantasmas do passado", o vídeo que anunciava as piores desgraças se a oposição perdesse as eleições.

O repórter Marcelo Sperandio — da coluna de Felipe Patury — contou que Santana ligou para Andrade e pediu: "Precisamos de uma trilha com um orquestral bem emocional, com contracantos de violoncelo. Você precisa se inspirar no filme, que é bem forte."[30] Dois dias depois, foi aquilo que se ouviu,[31] e que até hoje assusta.

Lula reeleito, Santana levou para o governo o jornalista Franklin Martins. Para prestigiá-lo, pediu que o

---

[30] Disponível em: <http://epoca.globo.com/colunas-e-blogs/felipe-patury/noticia/2014/05/como-joao-santana-escolheu-trilha-do-bnovo--video-do-ptb.html>.
[31] Disponível em: <https://www.youtube.com/watch?v=skN-CtKONlM>.

presidente transformasse em ministério a Secretaria de Comunicação Social. Martins aceitou.

Hoje ex-ministro, faz parte da outra qualificada meia dúzia que a presidente consulta, e até convida para maiores responsabilidades. "Não somos divergentes, e sim complementares", disse Santana sobre Franklin Martins.

"O João tem o toque de Midas eleitoral", disse o ex-ministro. "Desde o governo Lula nós tocamos de ouvido."

No mesmo período, o ministro carioca-baiano Jaques Wagner, então das Relações Institucionais do primeiro governo Lula, pediu a João Santana que fizesse um diagnóstico sobre seu futuro político. Santana fez — o que pesou na balança para sair candidato a governador da Bahia (e vencer).

25
"Erro técnico":
"É casado? Tem filhos?"

Até hoje assusta — a música de fundo, a imagem granulada, preta e branca, formando o close de um rosto, o texto provocativo e preconceituoso, a voz incisiva do narrador:

> Você sabe mesmo quem é o Kassab?
> Sabe de onde ele veio?
> Qual a história de seu partido?
> De quem foi secretário e braço direito?
> De quem esteve sempre ao lado, desde que chegou na
> [política?
> Se já teve problema com a Justiça?
> Se melhorou de vida depois da política?

É casado? Tem filhos?

Já que ele não informa nada, não é mais prudente se

[informar melhor sobre ele?

O rosto de Gilberto Kassab já tomou a tela. Um ponto de interrogação cola no sobrenome. E o locutor conclui:

Para decidir certo, é preciso conhecer bem.

A peça, de apenas 31 segundos,[32] foi a mais escandalosa da campanha à prefeitura de São Paulo em 2008 — Marta Suplicy, do PT, contra Gilberto Kassab, então do DEM. João Santana estava com Marta — que perdeu.

Prefeita vitoriosa em 2000 — o marqueteiro foi Augusto Fonseca, o do Prêmio Esso —, ela, que perdera a disputa pela reeleição (contra José Serra) em 2004, queria um segundo mandato (como ainda quer).

Já era o segundo turno, e previa-se uma disputa apertada. Santana mandou a equipe trabalhar nas "obscuridades de Kassab" — expressão que usou —, entre elas as que envolviam sua vida pessoal.

"Fui eu que escrevi o primeiro texto", disse, em outra cafeteria de outro shopping, o publicitário Giovanni Soares (mais um baiano no marketing político).[33]

---

[32] Disponível em: <http://www.youtube.com/watch?v=WEwungnwjOs>.
[33] Soares tem um ótimo artigo sobre a intrigante questão: "Bahia: celeiro de marqueteiro". Disponível em: <http://cadernodecinema.com.br/blog/bahia-celeiro-de-marqueteiro>.

"No meu texto, o 'É casado? Tem filhos?' estava no começo. O João é que passou pro fim. Achou que dava mais impacto — e que podia ser um tiro no escuro para a Marta ganhar. É claro que ele sabia que ia dar confusão."

Soares era do ramo desde 1994. Destacara-se como redator em agências importantes, como Propeg e Link. Esteve com Duda Mendonça na campanha de Lula de 2002, e em dezenas de outras.

Trabalhou para João Santana em 2004, na campanha em que Zeca do PT perdeu o governo do Mato Grosso para André Puccinelli, do PMDB.[34] Depois na reeleição de Lula, em 2006, na de Marta, em 2008, e em outras, na Argentina, até 2011.

"A campanha de Marta foi muito tensa no segundo turno", disse Giovanni, no segundo café. "O João fica nervoso com a possibilidade de perder."

Uma vez, nesta campanha, Soares cometeu, em um texto, a expressão "encarar de frente". Santana veio com tudo: "Você já viu alguém encarar de bunda?" Dias depois, ao ler um texto do chefe, Soares deparou-se, deliciado, com um "sobrevoo aéreo". Não dispensou: "É muito pior que encarar de frente." Ficaram elas por elas.

---

[34] A Polis fez mais duas campanhas em 2004: Dr. Hélio, do PT, em Campinas, eleito; e Gilberto Sidney Maggioni, também do PT, não eleito.

"O João não dá ponto sem nó", sentenciou Soares. "É caótico, neurótico, irônico, exigente demais, difícil de trabalhar — mas, não posso negar, brilhante."

Antônio Risério também trabalhou na campanha de Marta Suplicy. Hoje, afastado e divergente, diz: "Aquela peça sobre o Kassab foi uma decisão consciente e proposital de João Santana, para chocar mesmo, numa tentativa de açular a homofobia para ganhar a eleição."

O marqueteiro falou sobre a peça — e desculpou-se — numa entrevista ao jornalista Fernando Rodrigues, publicada na *Folha de S.Paulo* em 26 de fevereiro de 2012:[35]

> Foi um erro técnico, não uma agressão moral. Não havia intenção de agredir. Testamos em grupos e o comercial se mostrou eficaz e sem duplo sentido. Eu falhei, como comunicador, porque não podia ter produzido um material capaz de causar um efeito imprevisto. [...]

---

[35] Disponível em: <http://www1.folha.uol.com.br/poder/2012/11/1190615- -lula-e-o-melhor-para-governo-paulista-em-2014-diz-marqueteiro-joao- -santana.shtml>. Além desta, Fernando Rodrigues fez outras três longas entrevistas com João Santana, para a *Folha de S.Paulo*, em momentos diferentes, todas relevantes para conhecê-lo melhor. Os links estão em seu blog: <http://fernandorodrigues.blogosfera.uol.com.br>.

Já tive oportunidade de pedir desculpas públicas ao prefeito. No início deste ano [2012], ele pediu uma conversa. Eu abri o encontro dizendo que não poderia começar qualquer tipo de conversa com ele sem me referir ao tema. Ele teve uma reação muito elegante: disse que admirava meu trabalho, acreditava na minha versão e que estava tudo superado.

Rui Falcão, o presidente do PT, conheceu Santana durante a campanha de Marta Suplicy. "O João tem política, conteúdo, leitura e grande refinamento intelectual. Se deixar, ele manda", falou.

Em tempos de campanha, o dirigente petista é um interlocutor frequente do marqueteiro, e se dão bem. Às vezes passa na Polis, em finais de tarde, e tomam um Black Label. Santana o chama de "Excelência", às vezes e brincando, é claro, apenas uma deferência para o maior cliente da agência.

Falcão, outro ex-jornalista, também brinca: "Ele mexe no discurso do Lula, no da Dilma, mas nos meus nunca trocou uma vírgula."

Uma das encomendas do PT à Polis, em 2013, foi a campanha para propagandear a reforma política.

Santana fez um vídeo em que uma cédula com a efígie da República ia sendo invadida pela mancha da corrupção ou algo do gênero. Falcão gostou, levou para o Diretório Nacional e defendeu que fosse aprovado. Mas perdeu. Santana fez outro — na boa.

Rui Falcão contou, na sede nacional do PT, em São Paulo, que só viu o filme sobre Kassab quando no ar. "Não vejo que foi uma insinuação, até porque boa parte do eleitorado gay apoiava Marta", refletiu.

Integrante, ao menos durante as campanhas, do núcleo duro de interlocutores de Dilma Rousseff, o presidente do PT considerava, em setembro de 2013, que João Santana estava mais próximo de Dilma do que de Lula. "Entre ele e a presidente, não há intermediários", afirmou.

26
Na hora do sacrifício do bode

Em agosto de 2013 — poucos dias antes do almoço no Figueira Rubayat —, a presidente Dilma Rousseff driblou seus seguranças e fez um passeio, de moto, na garupa do então ministro interino da Previdência Social, Carlos Gabas.[36]

"A selvagem da motocicleta" foi a primeira expressão de João Santana quando o passeio presidencial entrou na conversa, na hora do café. "Achei sensacional, mas não tive nada a ver com isso. Se eu tivesse dado a ideia, ela não ia topar. No íntimo ela é isso, muito bem-humorada, tzzzzwzq, tchxzhchcz, querwtzch, tryzwrrrs", comentou.

---

[36] Disponível em: <http://www1.folha.uol.com.br/poder/2013/08/1330691--dilma-driblou-segurancas-e-saiu-de-moto-pelas-ruas-de-brasilia-diz--ministro.shtml>.

Os dois se conheceram quando Dilma era ministra — e Santana foi ao gabinete, com Eduardo Costa e Antônio Risério, ouvir uma explanação sobre o programa do biodiesel, que o governo queria divulgar. Simpatizaram.

Teriam, porém, um atrito, no começo de 2010, quando a ministra já era o poste que ele precisava iluminar. "Aí a relação ficou péssima, tivemos discussões muito fortes, e foi assim durante sete meses, até maio de 2010. O Lula é que ajudava", contou.

O pior momento se daria durante um almoço na casa de Dilma. Santana ia ler uma proposta de roteiro para um primeiro programa de TV em que ela começaria a aparecer mais. Estavam presentes os ex-ministros Palocci, Márcio Thomaz Bastos e José Dirceu, o então presidente do PT Ricardo Berzoini e o assessor e hoje ministro Giles Azevedo. Feita a leitura, Dilma não gostou.

"Ela reclamou. Achou a presença dela muito light, disse que deveria ter maior protagonismo. Eu disse que o protagonismo tinha que ser gradativo, aos poucos. Fui sintético, mas muito deselegante. Eu tive que ser duro com ela. O Zé Dirceu até tomou um susto com a minha reação", explanou João Santana, que explicaria sua reação: "Fiz muita ioga e viagens místicas, que mostraram três lados da minha personalidade: um lado humano, um lado muito carinhoso e outro de uma agressividade fodida, que agora está melhorando, com a idade. Até estou vendo a vantagem de me tornar ancião."

Deixou o sertanejo aflorar: "Na hora do sacrifício do bode, da vaca beber água, complica. Primeiro, porque era um conflito muito forte pra ela. Não é fácil, não é fácil. Segundo, como conduzir isso com a personalidade e o voluntarismo que eu tenho. É difícil, é difícil."

E voltou ao almoço daquele dia: "Eu disse pra ela: 'Nem sei ainda se eu vou fazer a sua campanha. Estou é saindo. Está na hora de ir embora.' Arranca-rabo, público, foi esse. Hoje, a relação é a melhor possível. Eles ficam mais calmos quando veem o produto finalizado e o resultado das campanhas."

Santana gostou quando a pré-candidata Dilma contou-lhe, sem precisar contar, que iria receber, naquele começo de 2010, ninguém menos que Duda Mendonça. Explicou que fora um pedido de seu velho amigo de VAR-Palmares, Fernando Pimentel — o então ministro do Desenvolvimento, Indústria e Comércio Exterior.

Pimentel e a então prefeita de Fortaleza, Luizianne Lins (naquela quadra, namorada de um sócio de Duda), pediram a Dilma que o recebesse. A ministra da Casa Civil assim o fez, foi gentil, ouviu até um jingle que Duda levou-lhe — a ideia era espalmar o ex-sócio —, mas ficou com o outro baiano.

Pimentel, agora governador de Minas, é mais um na meia dúzia preferencial da presidente. O marqueteiro, contudo, não gosta dele: "É a bicha mais invejosa que tem", brincou.

Em tese, seu afastamento da Esplanada dos Ministérios fortalece João Santana. Se seu amigo Jaques Wagner for ministro, mais força ainda ele terá.

O marqueteiro não é de detalhes sobre seu trabalho junto à presidente. O programa Mais Médicos, por exemplo, como foi? "É claro que eu fui consultado, ajudei, embasado nas pesquisas, mas o Mais Médicos é uma decisão corajosa de Dilma Vana Rousseff, com o apoio fortíssimo do Padilha."

Foi Santana quem escreveu o texto básico do discurso da presidente Dilma Rousseff na ONU, em 24 de outubro de 2013, contra a espionagem dos Estados Unidos. Ele não quis fazer comentários a respeito. Mas respondeu sobre como ela procedeu na visita do papa — com aquela extensa peroração a respeito do próprio governo. "Este não fui eu", falou. "E eu não iria naquela linha."

Foi o porta-voz Thomas Traumann? E/ou o ex-ministro e consultor informal Franklin Martins? Ele nem ouve.

27
Dilma no Chuí, a 3 graus

Anos mais tarde, a Polis ganharia outro sócio: Marcelo Kertész, filho de MK e casado com Maria Eduarda, a Duda de Duda Mendonça.

"João é elegante, mas com momentos de embate muito fortes", definiu Marcelinho, como muita gente o chama, durante um café em São Paulo. Conheceu, primeiro, ainda menino, o secretário de Comunicação do pai prefeito, e também o publicitário Duda Mendonça, que andava por lá.

Em 1992, Marcelo mudou-se para São Paulo, onde cursou a Escola Superior de Propaganda e Marketing. Trabalhou, como designer, em agências de prestígio

— Lew'Lara, DM9 e Africa (de Nizan Guanaes). No final de 2001, Duda Mendonça o levou para a campanha de Lula — cuidando do design televisivo. João Santana já tinha saído.

Depois da campanha vitoriosa, abriu sua própria produtora, Maria Bonita Filmes, montou um estúdio de design e voltou para a agência Africa, com Nizan Guanaes. Nunca mais viu Santana.

No final de 2009, Marcelo recebeu um telefonema de Lô Politi, a diretora dos filmes da campanha de Lula em 2002, em que formaram uma boa dupla. "João Santana me chamou para fazer a campanha da Dilma. O Giovanni Soares [o do 'sobrevoo aéreo'] também veio. Não quer vir?"

Conversa vai, conversa vem, foram jantar em um restaurante, com Mônica e Giovanni. Marcelo pediu um *cosmopolitan* — drink à base de vodca tido por "feminino". Santana brincou: "Eu vou de *dry martini*, que é bebida de macho."

MKF pediu seis meses de licença da Africa — e entrou na campanha do poste que o presidente Lula queria eleger. "Vou levar a Dilma para o Chuí, no Rio Grande do Sul, para gravar uma cena de vinte segundos", ouviu de Santana logo no começo. "Ele mesmo se assusta com as maluquices que inventa. Imagina a logística para viabilizar isso, até grua teve que alugar, uma coisa insana." Mas foram, é claro.

"É muito bom começar essa campanha às margens do Chuí, onde acaba e ao mesmo tempo começa o Brasil", diz a então candidata no extremo sul do país.

Foi o vídeo que abriu a campanha. Ela lá, sob um frio de 3 graus, toda encapotada, e logo depois Lula, em Porto Velho, extremo norte, com 31 graus.[37]

"Quando João resolve atropelar, e fazer, ele entra com os dois pés", contou Marcelo, o diretor de criação, responsável pelo design dos vídeos das campanhas. Os detalhes também são com ele: roupas, cores, ambiente, o colar de pérola que atrai a luz...

"No início, tivemos muito cuidado para lidar com ela. Mas aos poucos foi se estabelecendo uma relação de confiança, de afeto, sem confundir os papéis."

"Santana é um trator para trabalhar", afirmou MKF. "Ele tem priapismo laboral. Mal acaba uma batalha e já está partindo para outra. Eu tenho 22 anos a menos — e não consigo acompanhar."

A característica mais importante do marqueteiro, segundo seu sócio e amigo, é a capacidade de ter humor, às vezes negro, nos momentos mais difíceis. "Com João não tem piada na hora errada."

Genro de um adversário do marqueteiro — Duda Mendonça —, Marcelo não toca no assunto. Às vezes, querendo criticar alguma coisa de Mendonça, Santana grunhe algo como "Esse teu sogro...". O genro responde:

---

[37] Disponível em: <http://www.youtube.com/watch?v=z5Us_rDV1lc>.

"Esse teu ex-sócio..." E ficam por aí. "João odeia ser cobrado, fica puto se alguém não reconhece o esforço que ele faz, e tem o pavio curto."

Em 9 de fevereiro de 2011, segundo mês do primeiro mandato de Dilma, Santana e Marcelo Kertész assinaram, com a Presidência da República, um termo de cessão de direitos de uso da marca e do slogan "Brasil — país rico é país sem pobreza", criado por ambos.

Marcelo voltou à Africa, de Nizan, para mais uma temporada, e em 2012 se tornaria sócio da Polis. Vai passar 2015 nos Estados Unidos, com Maria Eduarda, e ainda não decidiu o que fará na volta.

28
A defecção do "sargento" Risério

Antônio Risério mora numa bela casa na praia de Itapoã e tem uma mulher alemã que escreveu um bom livro de contos chamado *Caralho A4*, a artista plástica Sara Victoria (de avó comunista).

Em um dos contos, "Ouroboros", um bruxo da internet convence o narrador a colocar em um saco preto de lixo todas as mágoas que tenha, calmamente, depois amarrá-lo bem, levá-lo até uma ponte e jogá-lo no rio.

João Santana iria para esse saco? "Não", respondeu Risério. "Não sou de ódios, o que talvez seja até um defeito meu." O fato é que rompeu politicamente com o amigo de anos — e saiu atirando.

*

Antropólogo, ensaísta, historiador, poeta — e, nas horas vagas, marqueteiro político —, Risério, que na juventude foi preso político, é um prestigiado intelectual da contracultura.

Tem muitos livros publicados — entre eles *Caymmi: uma utopia de lugar* e *A cidade no Brasil*, este último obra de referência na discussão da política urbana.

Durante algumas décadas, foi amigo e colaborador eventual de João Santana em campanhas eleitorais. Encrencaram várias vezes, como fazem os bons amigos, deixaram para lá, e durante os últimos anos tocaram de ouvido. João no comando das campanhas, sabendo o que queria; ele se apresentando como "sargento Risério" — redator de mão cheia, para quem escrever é um exercício tranquilo e prazeroso (e não sofrido e agoniado, como é para Santana).

Risério foi peça importante no núcleo de criação e de estratégia da segunda campanha de Lula, e da primeira de Dilma.[38] Tinha prazer, então, em contar boas histórias do parceiro, vividas e sabidas, como essas, do jeito que escreveu, em agosto de 2013, para o perfil do marqueteiro:

---

[38] É ilustrativa, a respeito, a matéria "Intelectual do marketing de Dilma afirma que Serra é um blefe", publicada na *Folha de S.Paulo* em 1º de outubro de 2010. Disponível em: <http://www1.folha.uol. com.br/poder/2010/10/806691-intelectual-do-marketing-de-dilma- -afirma-que-serra-e-um-blefe.shtml>.

Pouca gente sabe, mas JS é um excelente cozinheiro. Conta-se que ele teria aprendido o ofício com a mãe, Dona Helena. Não sei. O certo é que desde a adolescência ele sempre gostou muito de cozinhar. Não faz tempo, poucos dias antes de um aniversário seu, dei de presente a ele uma bela paca, que consegui com uns amigos meus do Recôncavo. Na noite da comemoração, em seu apartamento no Corredor da Vitória, em Salvador, JS trouxe à mesa, entre outras coisas, a paca, feita num admirável molho de romã. [...]

Jornalista, chefe de sucursal (de *O Globo*, da *Veja*) em Salvador, João sempre aprontou muito. Tremendo lado moleque, politicamente direcionado. Certa vez (acho que só umas duas ou três pessoas sabem disso), ele atrapalhou totalmente uma visita do então presidente Sarney ao Mercado Modelo em Salvador. Naquela época, um ator-comediante fazia um tremendo sucesso num filmete publicitário de refrigerante (Guaraná Antarctica, se não me falha a memória). João combinou tudo com o distinto e, na hora em que Sarney chegou ao mercado, o sujeito também entrou no recinto. Foi uma tremenda balbúrdia, as pessoas se empurrando para pegar autógrafo etc. O cara ofuscou completamente a visita de Sarney.

Nesse mesmo caminho, JS perturbou deliciosamente uma ida de Paulo Maluf (com quem ele e

Duda depois trabalhariam) à Bahia. Foi na época das Diretas Já. Eu morava em Itapoã e hospedava lá em casa um amigo nosso que era artista gráfico, André Luyz (morreu jovem, num acidente de moto). André tinha montado um miniestúdio nos fundos da casa. João foi lá e encomendou a ele uma camiseta preta com determinada inscrição. Pois bem. Maluf chegou e estava para começar uma coletiva no próprio aeroporto, quando uma namorada de João (uma fotógrafa chamada Margarida) se levantou e foi em direção a ele, dizendo: "Dr. Maluf, um presente dos jornalistas da Bahia para o senhor." Todo sorridente, Maluf recebeu a camiseta dobrada e, sem atentar para a inscrição, a abriu, exibindo aos jornalistas. Foi uma gargalhada geral, com flashes espocando. No centro da camiseta estava escrito: DIRETAS JÁ. A foto saiu em inúmeros jornais e revistas pelo país... [...]

Não sei exatamente qual o grau de relação de João com o candomblé (no meu caso, apenas mantenho relações diplomáticas com uns poucos terreiros, onde tenho amigos e/ou amigas). Mas às vezes íamos a festas candomblezeiras. De uma delas, a gente não se esquece. Aylê Axé (nome iorubá), o caçula de João, era ainda criança e tinha engolido uma moeda. Todo mundo preocupado, consulta a médico etc. Aylê foi dormir e, naquela noite, a gente tomou o rumo do Axé Opó Afonjá, para ver a festa de Xangô. Chegamos ao lindo terreiro enluarado, com suas árvores e casas de santo, descemos do carro e fomos caminhando para o barracão. Ao entrar no barracão, João foi parado por uma filha de santo (iaô de Xangô), que entregou a ele, dentro de um saquinho plástico... uma moeda. João, literalmente, estremeceu. [...]

Gilberto Gil queria ser prefeito de Salvador. Não deu. João foi um dos que convenceu o cantor a ser vereador. Ficou tão arrependido depois, que, como prêmio de consolação, inventou para Gil uma pioneira Fundação OndAzul, da qual fui também um dos fundadores (não me lembro mais, mas acho que Carlos Minc e Fábio Feldmann também assinaram a ata de fundação da entidade)... [...]

Contracultura. Uma das nossas maiores paixões: Janis Joplin. Meados da década de 1970, em São Paulo. Meio da semana. Fui sozinho a uma sala de cinema assistir ao filme *Janis*. O filme bate fundo. Termina com Janis (então já falecida) marcando o fim de uma canção com um pontapé rápido e firme. A tela escurece. As luzes da sala se acendem. Mesmo chorando, me levanto para sair. Quando me viro, umas duas filas atrás da minha, vejo o poeta

Augusto de Campos ainda sentado, chorando. E, umas duas filas atrás da de Augusto, meu também amigo João Santana ainda sentado, chorando.

Em agosto de 2014 — já trabalhando para o candidato Eduardo Campos, do PSB, um daqueles "anões" que João Santana anunciara derrotar no primeiro turno —, Risério mandou um e-mail para centenas de destinatários, entre eles vários jornalistas. O título era: "Jornal *A Tarde* e a volta da censura na 'democracia petista'." E pedia a divulgação do veto ao artigo que mandara para sua coluna do jornal baiano daquela semana, chamado "O pior governo" — no caso, o do petista Jaques Wagner, governador da Bahia e amigo de João Santana.

Trechos do e-mail de Risério:

> Na verdade, a chefia da empresa jornalística já vinha há tempos incomodada com minhas leituras críticas dos desastrosos governos de Dilma Rousseff e Jaques Wagner, e de falcatruas ideológicas do PT. Agora, sob o falso escudo da "imparcialidade", tratava-se de impedir a publicação de análises críticas envolvendo o PT e governos petistas (estadual e nacional). [...]
> O artigo, é claro, não foi publicado. O PT persiste em seu desempenho prático de controle partidário da mídia, inclusive acionando computadores

palacianos para alterar perfis de jornalistas na *wikipedia*. No plano local, baiano, o jornal *A Tarde*, como se não fosse feito por jornalistas, baixa o cangote e abana o rabo. Não dá. Tô fora disso. Envio aos amigos e amigas o texto censurado (em anexo), pedindo que o divulguem e a esta nota.

No deque da pequena piscina redonda de sua casa, em Itapoã, em um sábado de novembro de 2014, Risério contou seus motivos: divergências de já algum tempo com as "práticas do PT", e, ao mesmo tempo, empolgação com a alternativa representada por Eduardo Campos (PSB) e suas propostas.

Engajou-se de primeira — mudou-se até para São Paulo, centro da campanha eduardista — e radicalizou a opção quando Marina Silva, da Rede, aderiu ao governador de Pernambuco. Risério é amigo pessoal e de ideias do economista Eduardo Giannetti da Fonseca, muito ligado a Marina, coincidência que pesou na balança.

Quando a tragédia levou Eduardo Campos, Risério, a par de Giannetti, preferiu trabalhar para o tucano Aécio Neves, no primeiro turno. Mas desgostou-se, voltou para Itapoã, e não trabalhou no segundo turno. "Graças a Deus que eu saí", disse.

João Santana não deu a mínima — como é do seu estilo com aqueles de quem quer se afastar. Até se magoa, mas enfia no saco e joga no rio.

Chegaram a trocar farpas quando Risério deu entrevistas criticando duramente programas do governo Dilma — como o Mais Médicos e o Bolsa Família, meninas dos olhos da presidente e de seu marqueteiro. Santana disse que não gostou, com aqueles grunhidos. Já tinha criticado quando Risério trabalhava na campanha de Fernando Haddad — achando e dizendo para o marqueteiro chefe que o candidato era um equívoco.

Hoje Risério considera Haddad um dos melhores prefeitos de São Paulo — "dos raros a ter visão de longo prazo, uma grata surpresa", como falou, entre uma cervejinha e outra, no calor de Itapoã.

Risério é livre-pensador: vota em quem quer. Cravou Fernando Henrique, por exemplo, na eleição e na reeleição.

Se tem algo a dizer sobre a atuação de João Santana na campanha em que Dilma derrotou Aécio Neves? Tem: "Ele foi de uma falta de escrúpulos como eu nunca tinha visto. [...] Usou a mentira como arma de campanha."

João Santana recusa-se a qualquer comentário específico a respeito.[39] O empresário Mário Kertész, não. Seus programas na rádio Metrópole já espicaçaram Risério — sem citar-lhe o nome.

---

[39] Na entrevista exclusiva que concedeu para este livro, João Santana responde à acusação de usar mentiras na campanha eleitoral.

O poeta mandou recado com ameaça de mais artigos da série "O pior...". MK parou. "Ele deu uma debandada horrorosa, teve um ataque de mau-caratismo", disse Kertész, em seu gabinete. Contou que ajudou Risério — "eu, João, Jaques Wagner, todo mundo; nem plano de saúde ele tinha" — quando um AVC o derrubou, há algum tempo (felizmente sem maior sequela). É um mal-agradecido", declarou MK.

29
Cenas da campanha: a tragédia

Sexta-feira, 13 de agosto de 2014. Perto das dez da manhã, o ex-presidente Luiz Inácio Lula da Silva gravava no estúdio de João Santana, na Vila Mariana, zona sul de São Paulo. O marqueteiro fazia *takes* para futuros programas de TV da presidente Dilma Rousseff, candidata à reeleição.

Acabara de gravar mais um. Sentado em frente à tela do monitor que pilota, estranhou uma cena inesperada: a entrada afobada de Moraes, o segurança mais próximo e ao mesmo tempo mais discreto do ex-presidente. Nunca tinha entrado naquela área do estúdio até aquele momento.

Pelo monitor, o marqueteiro viu quando Moraes sussurrou alguma coisa no ouvido de Lula, e notou que ele contraiu fortemente a expressão.

O fotógrafo Ricardo Stuckert, ou Stuquinha, estava ao lado de Santana. Assessor e amigo de Lula desde que era presidente, também estranhou a imagem no monitor. "Parece que a coisa é grave, olha como a cara do homem mudou", disse.

Lula ficou lívido e atordoado. Colocou os cotovelos em cima da mesa em que gravava e apoiou o rosto. Segundos depois, foi em direção a Santana e Stuckert. Pressionou a mão no ombro do marqueteiro e disse, arrasado: "Acabo de receber um recado da Dilma dizendo que o Saito [brigadeiro Juniti Saito, comandante da Força Aérea] informou a ela que caiu um jatinho com o Eduardo Campos e a Marina dentro."

Foi um susto e tanto para Santana e Stuquinha, e para dois outros assessores do ex-presidente, Clara Ant e Paulo Okamotto, lá excepcionalmente presentes para um almoço com o chefe.

A gravação acabou, claro, mas ficaram todos ali, tristes, tensos e angustiados, checando os sites de notícias. Aos poucos, no celular de Lula, a presidente Dilma atualizava as informações sobre a tragédia. Já se sabia que Marina Silva não estava a bordo, mas ainda não havia certeza sobre Renata, a mulher de Eduardo. A agonia duraria horas.

O ex-presidente só saiu da produtora perto de cinco da tarde. O dia continuava cinza e chuvoso — e o choro marcava o rosto de todos.

30
Cenas da campanha:
delenda Marina

Segunda-feira, 1º de setembro de 2014. Depois de participar do debate entre os candidatos à Presidência no SBT — o do primeiro turno, que acabou no começo da noite —, a presidente Dilma Rousseff convidou parte de seu comando de campanha para um jantar-reunião na suíte que a hospedava, no Hotel Unique, em São Paulo.

Estavam presentes o ex-presidente Lula, o ministro da Casa Civil, Aloizio Mercadante, o presidente do Partido dos Trabalhadores, Rui Falcão, o prefeito de São Bernardo do Campo, Luís Marinho (recém-guindado à coordenação da campanha em São Paulo), o ministro das Relações Institucionais, Ricardo Berzoini, e João Santana.

A conversa começou com o blá-blá-blá de sempre, mas logo ganhou foco: o crescimento — naquele momento acentuado — da candidatura de Marina Silva, que substituíra Eduardo Campos.

Lula seria o primeiro a falar. Disse que experimentava algo parecido com o que vivera na campanha que perdeu para Fernando Henrique Cardoso, a de 1994, quando se sentira lutando contra um fenômeno, o Plano Real. Perguntou, então, para João Santana o que achava de tudo aquilo. O marqueteiro disse que não via o crescimento de Marina ainda como um fenômeno, mas concordou que era preocupante — e afirmou que precisavam tomar uma decisão de mudança tática, profunda, ou a coisa ficaria complicadíssima.

"Como assim?", perguntou o ex-presidente. Santana explanou: Marina crescia porque corria solta, intocável, quase pairando nos céus. Ninguém a confrontava. Sugeriu, portanto, que era melhor partir para o confronto, já, pois era perigoso deixar a iniciativa para Aécio, que retardaria ao máximo sua decisão.

"Isso é verdade", comentou Mercadante.

Santana continuou. Disse que o que estava em risco não era a chance de irem para o segundo turno — como já se temia —, mas a de enfrentarem, na rodada final, uma Marina muito fortalecida.

Não via outra opção senão "antecipar o segundo turno" — foi a exata expressão que usou —, com todo o perigo que isso significava. Mas só faria isso —

concluiu — se houvesse uma concordância, unânime, do comando da campanha.

A rodada abriu, todos falaram, e a concordância foi enfática, inclusive da presidente-candidata.

Santana retomou a palavra e desanuviou um pouco o ambiente, dizendo ter quase certeza de que Marina Silva tinha "queixo de vidro". Confessou que seu único temor era o de que uma campanha negativa vinda do lado petista pudesse aumentar a rejeição a Dilma. Mas garantiu que estudaria uma forma de amenizar o risco.

Pediu licença e correu para a sua produtora.

Naquela mesma noite articulou, por videoconferência com seus auxiliares — entre eles Marcelo Kertész e Eduardo Simões —, a edição do programa do dia seguinte, que inauguraria a fase de confronto.

Viraram a noite editando os melhores momentos do debate, para que o novo dia já trouxesse os primeiros petardos contra Marina Silva.

Quinze dias depois da reunião no Hotel Unique — no debate da TV Aparecida, em 16 de setembro —, João Santana já tinha uma avaliação positiva da estratégia do confronto.

Sentou-se então na bancada dos assessores, por acaso ao lado do jornalista Otávio Cabral, um dos principais assessores de Aécio Neves.

Debate vai, debate vem, disse a Cabral que tinha certeza de que Dilma iria para o segundo turno, contra Aécio, e que ganharia por pouco. O interlocutor sorriu, falou que achava a mesma coisa, só que com a vitória de Aécio. Riram ambos.

31
Anderson Silva, Sherazade ou Bruce Lee?

Uma fotografia gigantesca do rosto de Steve Jobs toma quase toda a parede da sala do publicitário Nizan Guanaes, presidente da maior holding brasileira de marketing — o Grupo ABC, em que pontifica a agência Africa, com sede na avenida Faria Lima, área nobre de São Paulo.

Mesmo que Nizan centralize as atenções — teatral, barulhento, performático —, é impossível olhar para ele sem enquadrar um pedaço do gênio da Apple Inc.

Nizan é do time publicitário que não trabalha para o governo. "O João Santana é um cara que sabe se colocar", afirmou, em setembro de 2013, para o perfil.

Em novembro de 2014, depois da vitória da presidente Dilma Rousseff, complementou, a pedido: "Paixões à parte, o João cumpriu o papel dele. Se as pessoas acham que a campanha foi pesada (e ela foi) e que ela foi bruta (e ela foi), tem que ver os filmes negativos das campanhas americanas. Marketing político é UFC. O marqueteiro tem que ter estômago e os candidatos também. Eu não tenho. João Santana tem, e gosta. Por isso ele é o Anderson Silva."

"É narrativa, estúpido", provoca Paulo Nassar, professor--doutor da Escola da Comunicações e Artes da Universidade de São Paulo (ECA/USP), em um artigo publicado em dezembro de 2012. O texto está disponível no site da Associação Brasileira de Comunicação Empresarial (Aberje), da qual é presidente.[40]

A frase é uma brincadeira séria com a famosa "É a economia, estúpido", do americano James Carville, consultor político de Bill Clinton. Para ele, no contexto, é o mercado que determina um resultado eleitoral. Para Nassar, sem desmerecer a economia, é a construção de uma história.

---

[40] Disponível em: <http://www.aberje.com.br/acervo_colunas_ver.asp?ID_COLUNA=971&ID_COLUNISTA=28>. O trecho final, para contextualizar o título: "Sem desmerecer o enfoque decisivo da economia e da avaliação de gestão, percebe-se a importância da narrativa no ambiente político, especialmente nas campanhas eleitorais. Ao que tudo indica, a habilidade dos comunicadores em construir essas mensagens, baseadas antes de tudo em fatos verídicos e éticos, e o que vai determinar o futuro dos debates que envolvem a cidadania."

Nassar coordena o Grupo de Estudos de Novas Narrativas da ECA/USP — "inclusive a do marketing político com sua linguagem de persuasão", como explicou em sua sala da Aberje, no bairro de Higienópolis, em São Paulo. "Estudamos a política como produto, a gôndola do mercado político, a indústria da propaganda política, o candidato-produto. É uma narrativa posta em xeque."

Dessa perspectiva, comentou o trabalho de João Santana nas últimas campanhas eleitorais, incluindo a do ano passado: "Num jogo de xadrez, ele está jogando com as brancas. O problema dos tucanos e de toda a oposição é que eles não têm ninguém jogando com as brancas, só com as pretas."

Nassar vê o marqueteiro como uma Sherazade, a narradora das *As mil e uma noites*, que vai contando história atrás de história e sabe de sua importância na construção dos enredos. "João Santana entende bem que a política é uma indústria de narrativas — e poe a dele na praça, sem ter um protagonismo explícito", avalia o professor. "Ele é um narrador sofisticado, com grande capacidade de gerar fatos e de criar uma estratégia, de criar fatos para mudar o foco — o que não e nada fácil de encontrar nesses tempos de comoditização da narrativa."

"Menos do mesmo", diz o slogan da Propeg, a empresa do publicitário Fernando Barros — o da banda Os

Mustangs —, também marqueteiro político e um dos mais respeitados profissionais do ramo.

"João Santana é, antes de tudo, um estrategista — e isso é até mais importante do que a forma", disse. "Não adianta nada uma estética sedutora sem um pensamento estratégico correto e eficiente."

O que demonstra isso, na avaliação de Barros, é a última campanha eleitoral: "A campanha de reeleição da presidente Dilma é um exuberante exemplo de comunicação política guiada por um pensamento estratégico bem definido. Atacou mais que defendeu, invertendo a lógica de quem é governo. Saiu do canto do ringue e empurrou os adversários pra lá. Desconstruiu desafiantes e reconstruiu o perfil da presidente, que teve sua avaliação melhorada durante os meses de inferno do horário eleitoral, um fenômeno, porque a tendência dos instalados no poder é perder os bons índices no período."

Fernando Barros acredita que o projeto de reeleição de Dilma "estabeleceu um modelo novo de embate": "A partir de agora, o estilo mais duro prevalecerá. A elegância e a suavidade ficarão para os cumprimentos do vitorioso ao perdedor e vice-versa. João Santana foi um Bruce Lee."

O jornalista (e bacharel em Direito) Eugênio Bucci, também professor-doutor da ECA/USP, e colunista do jornal *O Estado de S.Paulo*, integra o Grupo de Estudo de Novas Narrativas. Ele foi presidente da Radiobrás no primeiro governo Lula — e saiu atirando.[41]

O nome de João Santana, mesmo ao telefone, sem que esperasse, suscita uma *pensata* instantânea: "Os marqueteiros estão hoje para os partidos políticos como os ideólogos estavam no começo do século XX. Pensavam num programa máximo, num programa mínimo, e isso era fundamental na luta política. Hoje, o ideólogo é nada. É tudo docudrama. O que existe é um pensamento publicitário."

Mesmo no volante de seu carro, no tráfego paulistano do começo da noite, a reflexão de Bucci foi fluindo. Citou Tirésias, como personagem de Sófocles, em *Édipo rei*. A memória não trouxe com perfeição a frase que queria, mas é provável que fosse "Como é terrível saber, quando o saber de nada serve a quem possui".

Uma curva à direita, outra à esquerda, ele complementou: "O João fez um deslocamento do ideário em favor do marketing. Antes, o bom governo era aquele que fazia. Agora, é aquele que tem a imagem do que faz. Fazer a imagem ficou mais importante do que fazer."[42]

Depois de mostrar sua coleção de carros antigos importados — quatro, entre os quais um Ford Galaxy 1979,

---

[41] Eugênio Bucci, *Em Brasília, 19 horas: a Guerra entre a chapa-branca e o direito à informação no primeiro governo Lula*. Rio de Janeiro: Editora Record, 2008.

[42] Bucci e Carlos Mello escreveram a respeito no artigo "Chega de propaganda sectária". Disponível em: <http://www1.folha.uol.com.br/fsp/opiniao/123677-chega-de-propaganda-sectaria.shtml>.

que faz um quilômetro por litro —, Carlos Manhanelli colocou o começo da conversa no devido lugar: "Se você me chamar de marqueteiro, eu vou te chamar de jornaleiro", brincou.

Manhanelli é o presidente da Associação Brasileira de Consultores Políticos (Abcop) e membro da International Association of Political Consultants (IAPC). São as entidades oficiais da categoria — e reúnem um monte de experientes marquetólogos.

João Santana não as integra — até porque nunca se interessou.

O dono do Galaxy sedento já fez centenas de campanhas, no Brasil e no exterior, continua atuando, e é autor de meia dúzia de livros a respeito. "João Santana é um especialista em trabalhar a imagem do candidato, e conhece como poucos todas as técnicas do marketing eleitoral", disse.

"O melhor exemplo disso é o que ele fez com a imagem da presidente Dilma, na campanha de 2010, transformando a ministra sargentona na heroica mãe do PAC. Essa imagem veio sendo montada muito antes de ser ela a candidata. Pesquisas quantitativas e qualitativas — que ele sabe interpretar, mais do que ler — mostraram a Santana a imagem de sargentona, e a necessidade de mudar. Nisso não tem nada de guru, e sim de ciência. O conceito de mãe, que ele inventou e aplicou em Dilma, é uma técnica do marketing eleitoral."

A prova dos nove — continua o marquetólogo — está na comparação entre o antes e o depois. "Ele moldou as feições, o sorriso, o figurino, o colar e o brinco de pérolas — porque mãe usa pérolas —, o tom da voz, a figura da avó, que é mãe duas vezes. Esse conceito ensina que a razão tem que conduzir para a emoção, que não existe voto racional, que só existe voto emocional. João Santana domina tudo isso."

32
Cenas da campanha:
o boato do infarto

Durante duas noites seguidas — as de 1º e 2 de outubro —, a blogosfera foi inundada com boatos de que João Santana tivera um infarto e estava internado, em estado crítico. A primeira onda foi mais suave, mas a do dia 2 se alastrou.

O marqueteiro só ficaria sabendo, tarde da noite, quando desembarcou em Brasília, vindo do Rio de Janeiro. Era a rotina daquele período: ficava de dia no Rio, gravando com a presidente e treinando-a para o debate da Globo, e à noite embarcava para a capital, onde entrava pela madrugada, na produtora, acompanhando a edição do programa.

Naquele dia, as caixas de mensagens de Santana e de Mônica ficariam entulhadas de dezenas de ligações aflitas de amigos, parentes, jornalistas. Até seu clínico, o Dr. Roberto Kalil, ligara três vezes. Começaria o desmentido, aliás, por ele: "Que porra é essa, Kalil? Você acha que eu ia te trair e morrer em outras mãos?"

No Rio, os assessores de Dilma, em especial Anderson Dornelles, também cansaram de desmentir a falsa notícia, em ligações durante a noite.

33
"Goebbels"?

"A liberdade de eleições permite que você escolha o melhor molho com que será devorado." A frase, do escritor argentino Eduardo Galeano, é a epígrafe do processo que João Santana move contra o cineasta Fernando Meirelles na 2ª vara cível do foro da Lapa, zona oeste de São Paulo.

No primeiro turno da campanha de 2014, quando vestiu com entusiasmo a camisa da candidata Marina Silva, Meirelles chamou o marqueteiro da presidente Dilma Rousseff de "João Goebbels Santana". Paul Joseph Goebbels foi o ministro da propaganda na Alemanha nazista.

Santana quer uma reparação por danos morais. Seu advogado é José Diogo Bastos Neto, do escritório Chiaparini e Bastos Advogados (fundado por Márcio

Thomaz Bastos, ex-ministro da Justiça, falecido em novembro de 2014, de quem José Diogo é sobrinho). Os advogados de Meirelles são Guilherme Bruschini e Renato Franco de Campos, da SFCB Advogados, sediada no Rio de Janeiro. Na defesa que apresentaram, mantêm a essência da acusação do cineasta.

O diretor de *Cidade de Deus* criticou o marqueteiro em uma entrevista para o blog do jornalista Morris Kachani,[43] depois replicada pelo jornal *Folha de S.Paulo*: "Dilma prometeu que faria o diabo na campanha e ao menos esta promessa está cumprindo. Até amigos petistas se dizem constrangidos com a truculência desleal. Outro dia li uma frase que resume bem esta campanha do PT: 'Uma mentira repetida mil vezes torna-se verdade', a frase vinha assinada por João Goebbels Santana (sic). Foi na mosca, é exatamente dali que vem a inspiração do marqueteiro-mor. Como se pode votar numa candidata cujo principal colaborador é um marqueteiro que lhe aconselha mentir e ela obedece?"

A petição inicial dos advogados José Diogo, Leonardo Furtado de Oliveira e Henrique Rocha Venturelli, que representam Santana, sustenta, no essencial:[44]

---

[43] Disponível em: <http://blogdomorris.blogfolha.uol.com.br/2014/09/24/fernando-meirelles-por-que-decidi-apoiar-marina>.
[44] Íntegra em: <http://www.migalhas.com.br/arquivos/2014/9/art20140929-07.pdf>.

- que Meirelles almejava deliberadamente ofender Santana no plano pessoal e profissional;
- que os termos da entrevista ultrapassam, e muito, o direito de opinião;
- que as atividades profissionais de Santana, na campanha, não podem justificar a indevida comparação;
- que o termo, por si só, é extremamente depreciativo, pois trata-se de ministro onipotente do governo de Hitler, mentor de inúmeros ataques aos judeus;
- que a ofensa se propagou pela internet, ampliando gravemente o dano.

Na contestação, a defesa de Meirelles — assinada por Guilherme Bruschini, Renato Franco de Campos e Elisa Pinheiro — tem por essencial:

- que Santana exagerou e distorceu o contexto da declaração de Meirelles;
- que a crítica teve caráter estritamente técnico, comparando as *técnicas de marketing* utilizadas por Goebbels com a *técnica* utilizada por Santana [grifos do original];
- que Goebbels é considerado um dos mais importantes "cases" de marketing político *em toda a história* [idem];
- que é absolutamente corriqueira a comparação entre as técnicas dos atuais marqueteiros políticos com as criadas por Goebbels;

- que, sendo corriqueira, não pode gerar quaisquer danos morais ou abalos à imagem e honra de Santana;
- que Meirelles apenas expressou sua opinião, direito constitucional que lhe assiste, de modo crítico, sim, mas também de maneira técnica e sem qualquer intenção de ofender a honra ou o bom nome de João Santana.[45]

Era o que havia nos autos até o final de novembro de 2014.

---

[45] Íntegra em: <http://www.migalhas.com.br>.

34
Cenas da campanha:
delenda Aécio

Nos dois meses que antecederam o primeiro turno, a presidente Dilma Rousseff fez reuniões quase diárias na biblioteca do Palácio da Alvorada. Participavam: Rui Falcão, presidente do PT, os ministros Aloizio Mercadante, Miguel Rossetto e Ricardo Berzoini, o ex-ministro Franklin Martins e o marqueteiro João Santana.

A partir da reunião de 18 de setembro — a dezesseis dias do primeiro turno —, Santana passou a alertar que o segundo turno seria contra Aécio Neves. À exceção de Rui Falcão, e, mesmo assim, sem maior convicção, a contestação foi vigorosa, inclusive da presidente.

Doze dias depois, em 30 de setembro, o marqueteiro insistiu no ponto, radicalizou na argumentação, mas continuou voto vencido. Estavam todos certos de que a adversária seria Marina Silva — embora preferissem enfrentar Aécio, como disseram.

No início da campanha para o segundo turno, com Aécio fortalecido, houve outra reunião, com os mesmos integrantes. João Santana então alertou que a campanha não deveria ser apenas de confronto. Daria dois motivos: 1) Aécio não tinha o mesmo queixo de vidro de Marina; e, baseado em suas pesquisas, 2) a maioria do eleitorado, apesar de não morrer de amores por Aécio, queria, desesperadamente, novos motivos para votar em Dilma.

Inebriados pelo sucesso da artilharia pesada contra Marina, alguns membros do comando chegaram a interpretar que Santana estivesse refugando a luta. Ele se pôs em brios, explicou que não era o caso, longe disso, e arguiu que havia necessidade de um equilíbrio maior entre o crítico e o propositivo. Foi mais longe: a ação negativa deveria ser feita em "ondas superconcentradas" — expressão que usou. Ou seja: escolher determinados dias e determinados temas para super-bombardeios programados. E assim seria feito.

Sexta-feira, 17 de outubro de 2014. Faltavam nove dias para o segundo turno. João Santana informou reservadamente à presidente Dilma Rousseff, e só a ela, que, nos três dias seguintes — 18, 19 e principalmente 20 —, a campanha iria detonar um bombardeio jamais visto contra o candidato Aécio Neves.

O que se viu foram trinta inserções diárias, de 15 segundos, com o lema "Aécio: quem conhece não vota", falando da sua derrota em Minas, no primeiro turno, e dando a versão petista de por que isso ocorrera. Foi o que se viu.

35
"Baixarias e mentiras"

O marqueteiro do senador e candidato Aécio Neves, do PSDB, foi o publicitário mineiro Paulo Vasconcelos de Rosário Neto, da empresa VitóriaCI (de Comunicação Institucional).

Vasconcelos tem 54 anos e alguns feitos eleitorais. Um deles, para o bem ou para o mal, como não diriam os mineiros, foi a pré-campanha de Fernando Collor em 1988/1989. "Fizemos os cinco programas que antecederam a campanha. O Collor saiu de 3% para 43%, segundo o Datafolha", lembrou o marqueteiro.

Seu currículo vitorioso inclui campanhas para o PT (Jorge Viana, no Acre, por exemplo), para o PMDB (Gabriel Chalita), mas principalmente para o PSDB, mineiro e nacional.

Fez Aécio Neves governador (2002 e 2006) e senador (2010), e o levou ao segundo turno na batalha das eleições de 2014.

Enfrentou um adversário que admirava: "Conheci João Santana pessoalmente há alguns anos, em meu escritório em Belo Horizonte", contou Vasconcelos. "Nesse primeiro encontro, discutimos a possibilidade de um trabalho conjunto para o Mercosul, que terminou não avançando."

Acompanhou sempre com interesse a carreira vitoriosa do marqueteiro baiano. "A discrição e a simplicidade com que ele desenvolve seu trabalho são as características que mais me agradam. Com ele, quem aparece é o cliente."

A campanha de 2014 foi a primeira em que se enfrentaram. "Ele novamente provou o seu talento. Mas discordei publicamente do uso profissionalizado que a campanha fez das baixarias e das mentiras", disse o marqueteiro de Aécio Neves. "Acredito que isso serve para deseducar o eleitor e distanciá-lo da política, e espero que essa campanha seja uma oportunidade para refletirmos sobre isso."

36
Entrevista exclusiva (parte II)
"Não encontramos oponentes à altura"

"Tenho escutado muita coisa calado, mas acho que é uma hora boa de desabafar", dirá João Santana na segunda parte da entrevista — exclusiva — para este livro. Ele respondeu as perguntas, por e-mail, quando estava em Nova York, em novembro de 2014.

Luiz Maklouf Carvalho — Você e o PT são acusados de terem feito a campanha com mais baixaria e agressividade da história. O que acha disso?

João Santana — Acho que é a acusação mais falsa, mais hipócrita, mais frágil e sem sustentação da história eleitoral brasileira.

LMC — Por quê?

João Santana — Primeiro, vamos a uma abordagem técnica de certos resultados. Você acha que uma campanha cheia de baixarias e carga negativa conseguiria elevar, em pouco mais de um mês, mais de dez pontos na avaliação de um governo? Você acha que conseguiria reduzir, de forma profunda, a rejeição da candidata e fazê-la chegar, no final, com uma rejeição menor do que seu concorrente "boa-praça"? Claro que não. Só uma campanha fortemente propositiva e elucidativa pode conseguir isso.

LMC — Conseguir exatamente o quê?

João Santana — Recuperamos o déficit comunicacional do governo, mostrando e explicando muita coisa que as pessoas não sabiam, e lançamos novas propostas. É claro que políticos derrotados, e marqueteiros ressentidos, podem dizer o que quiserem. Outros falsos moralistas podem também, de forma deliberada, querer confundir embate político com baixaria e manipulação. Esconder o que fizeram na campanha. Especialmente porque fizeram malfeito. Mas não são só políticos. Existem falsos moralistas espalhados por todo canto. Tem muito mestre da hipocrisia que sonega impostos, traz muamba do exterior, aceita pagar dentista por fora, registra imóveis com preços mais baixos, é cliente de Ashley Madison, mas se acha defensor da moral, da ética, da honestidade e dos bons costumes.

LMC — Como viu a declaração do marqueteiro de Aécio Neves, Paulo Vasconcelos, de que a campanha de vocês fez "uso profissional da baixaria"?[46]

João Santana — Por favor! Humildade e autocrítica não fazem mal a ninguém. Estamos vivendo um momento raro na nossa política, que é o dos derrotados fanfarrões. Tenho escutado muita coisa calado, mas acho que é uma hora boa de desabafar. É mentira que nossa campanha tenha feito uso profissional da baixaria. Mas é verdade que a dele fez uso amador da mediocridade. O marketing de Aécio fez uma das campanhas presidenciais mais medíocres, do ponto de vista criativo e estratégico, que o Brasil já viu. E o problema não foi da equipe, que tinha pessoas bastante competentes, foi de comando mesmo. Este rapaz é um marqueteiro de segunda divisão que entrou, por acidente, na primeira. Por isso, está caindo fragorosamente para a terceira divisão.

---

[46] Entrevista de Paulo Vasconcelos a Daniela Lima. *Folha de S.Paulo*, 16 nov. 2014. Disponível em: <http://www1.folha.uol.com.br/fsp/poder/195849-campanha-de-dilma-fez-uso-profissional-da-baixaria.shtml>.

LMC — Se você rejeita a tese de que esta campanha presidencial foi a mais negativa da história, como, então, a definiria?

João Santana — Foi uma campanha de forte embate político e ideológico. Talvez a mais politizada que já tivemos. Ela não avançou mais porque não encontramos oponentes à altura. Eles fugiram do debate por covardia ou por soberba. Passaram mais tempo se vitimizando do que contra-atacando ou propondo. Um vazio absurdo de ideias e de argumentos.

LMC — Por exemplo?

João Santana — Fala-se muito que fizemos jogo sujo com Marina, "uma mulher santa". Ora, nosso embate com Marina foi 100% político e 200% programático. Você não vai encontrar uma única agressão pessoal ou moral. Marina não revidou as nossas críticas ou por ingenuidade, ou por fragilidade teórica, ou por soberba. Talvez mais por soberba, por se achar acima do bem e do mal. Já Aécio quis se fazer de vítima e de superior até quase o final da campanha. Chegou a lançar um slogan ridículo e inócuo: "A cada ataque, uma proposta." Isso não produziu nem defesa, nem proposta. Os dois candidatos talvez acreditassem em uma falsa teoria implantada no marketing político brasileiro de que "quem bate, perde". Perde quem não sabe atacar. Como também perde quem não sabe se defender. Olha que eles atacaram, e muito! Mas não souberam bater certo nem se defender de maneira correta.

LMC — Se eles atacaram muito como você diz, por que ficou a ideia de que vocês é que fizeram a campanha mais agressiva?

João Santana — Peraí! É preciso saber onde ficou esta ideia. No que eu sei, apenas em certos setores da imprensa, em certos círculos comprometidos do mundo acadêmico e artístico, e em determinados territórios da classe média urbana. O problema é que são eles que "têm voz" e fazem prevalecer suas opiniões. Pegue, por exemplo, as pesquisas do final do segundo turno e veja que a maioria das pessoas achava que era Aécio quem estava fazendo a campanha mais agressiva. Esta é a percepção da maioria da população. É isso que está nas pesquisas dos grandes institutos.

LMC — E sobre a campanha de Marina, o que diziam as pesquisas?

João Santana — Neste período a que estou me referindo, Marina já tinha sumido na poeira. Mas vale lembrar que desde a pré-campanha Marina batia violentamente na presidenta Dilma. Foi ela, aliás, quem começou a bater. A dizer, por exemplo, que a presidenta Dilma era incompetente, que comandava um governo de corruptos, que era a legítima representante da velha e carcomida política. Isso é carícia? Isso é elegância? Isso é campanha positiva? Não! Isso é guerra, é embate, e toda campanha pode ser assim. O que salvava Marina é que seu aspecto aparentemente frágil, sua voz macia, permitiam que ela batesse com virulência sem parecer agressiva. Mas foi ela quem começou com a agressividade na campanha. Os fatos mostram isso. Quem for aos arquivos, comprova o que estou dizendo.

LMC — Os mais críticos dizem que a campanha de vocês era povoada de mentiras, ou, em um comentário mais ameno, que Dilma vivia "no mundo maravilhoso da propaganda de João Santana, que não tinha nada a ver com a realidade".

João Santana — Eu já ouvi coisas ainda piores. Algumas mais agressivas, outras mais grotescas. Outras mais inteligentes. Por falar nisso, o Nelsinho Motta, por quem tenho carinho pessoal, disse em um artigo com cujo conteúdo pouco concordo, mas que é um artigo inteligente, que todo mundo mente na vida, e que o perigo é a gente começar a acreditar na própria mentira.[47] Ele disse isso nos criticando. Reforçando a falsa ideia de que mentimos na campanha. E que a presidenta Dilma se autoengana. Na realidade, é bem o contrário. Vários políticos e analistas vinham acreditando na própria mentira que eles criaram, a de que o governo Dilma era um grande e rotundo fracasso. Não viram ou esconderam grandes avanços.

LMC — E onde ficam os problemas?

João Santana — Problemas existiam — e existem —, mas as coisas não eram exatamente como eles diziam. Havia também, antes da campanha, um bloqueio imenso à divulgação dos bons resultados do governo. Então quando a campanha começou a mostrar, com razoável qualidade, o que vinha sendo feito, passaram a dizer que era tudo mentira, que era do "mundo cor-de-rosa do marketing". Foi uma reação emocional a uma comu-

---

[47] Referência ao artigo "O império da mentira", de Nelson Motta, publicado em *O Globo*, de 21 de novembro de 2014. O trecho a que Santana alude é: "Marqueteiros políticos são uma espécie moderna de mentirosos profissionais de alta performance, que são mais eficientes quando distorcem fatos e números e ampliam supostos defeitos e suspeitas sobre os adversários. O problema é o candidato vencer as eleições e continuar acreditando na campanha do marqueteiro, mesmo diante da realidade adversa dos fatos e dos números." Íntegra disponível em: <http://oglobo.globo.com/opiniao/o-imperio-da-mentira-14618681#ixzz3KYnSI4Mh>.

nicação vigorosa que se impôs à voz hegemônica con-
servadora que ditava, sozinha, as versões políticas e
governamentais para a nação.

LMC — Você pode dar exemplos concretos disso?

João Santana — Tentaram negar o vigoroso processo de ascensão social que começou com Lula e que
continuou no governo Dilma. E nós provamos o contrário. Tentaram negar que, não obstante a crise econômica interna e externa, o Brasil era um dos países
que mais gerava emprego. Que, apesar dos grandes
escândalos de corrupção, nunca houve tanto comba-
te e punição. Fizeram todo tipo de terrorismo com
a Copa e com a capacidade do nosso sistema elétrico. Transformaram uma obra complexa e espetacular
como a transposição do São Francisco em um falso
fracasso. Confesso que eu mesmo me espantei, fiquei
de boca aberta, quando fui filmá-la. Esconderam uma
obra da magnitude de Belo Monte. Tentaram boico-
tar e deturpar o Mais Médicos. Menosprezaram o Minha Casa, Minha Vida. Tentaram retirar o verdadeiro sentido do Bolsa Família e dos programas sociais.
Quando nós começamos a desmontar esta teia, fomos
acusados de mentirosos. No fundo, eles ainda acham
que o povo é bobo, que não sabe distinguir o que é
mentira e o que é verdade. Uma coisa que aprendi em

anos e anos de campanhas é que o povo é mais inteligente do que qualquer político jornalista ou qualquer marqueteiro.

LMC — Mas aí você está querendo que a oposição — a quem afinal cabe a crítica — faça uma campanha favorável ao governo...

João Santàna — Em absoluto. Campanha é confronto e cada lado tem que buscar os meios mais eficientes para fazer esta disputa. Todos têm que criticar, discutir, explicar o mundo com seus argumentos. Este é o embate ideológico. A ideologia não tem o poder de refazer fatos vividos e materializados, mas tem o poder de examinar estes fatos por diversas óticas. Como a filosofia e a psicologia também têm. É assim que se constroem visões de mundo. É assim que se constrói o debate democrático. O que não pode é querer, depois, reescrever a história e tentar posar de santinho ou de santinha. Não pode é dizer que "o PT se rendeu à marquetagem".

LMC — Poder, sempre se pode, é o direito de crítica.

João Santana — Mas quem não usa o marketing? Não pode é dizer que o PT é mestre da manipulação. Todos manipulam, todos persuadem. Existe um fio muito débil que separa a persuasão da manipulação. E todos, numa disputa, seja de qual for a natureza, terminam fazendo um zigue-zague, um vai e volta nessa fronteira. Qual o jogo mais constante no amor, e na sedução, senão aquele das formas sutis de manipulação? E na religião, e no exercício da fé? Você chega a manipular seu próprio ego — e seu ego também o manipula —, ou não? Claro que sim: quando se apaixona, você está manipulando o seu próprio ego. Vem daí o verso genial de Paulo Coelho e Raul Seixas, "porque ao jurar meu amor eu traí a mim mesmo".

LMC — Um tema muito polêmico foi a questão da independência do Banco Central, com aquele filme da mesa da família pobre e a mesa dos banqueiros. Você não acha que exageraram ali?

João Santana — Se houve exagero ali, permita-me a presunção, foi de qualidade fílmica e criativa. E exagero, também, de silêncio de resposta da campanha de Marina. Se houve exagero de argumentação de nossa parte, por que eles não responderam à altura? Se nós dizíamos, com convicção, que uma política econômica de forte ortodoxia poderia causar retração no emprego e na renda das pessoas, por que Marina não disse exatamente o contrário? Por que não provou que estávamos mentindo? Se acreditava tanto em sua proposta, por que não disse que a independência do Banco Central levaria a classe operária ao paraíso? Ela tinha dois minutos diários na TV, isso é pouco, mas é suficiente quando se trabalha com competência. Se não responderam, foi por pobreza teórica, lerdeza técnica ou soberba mística. Ou as três coisas juntas. O que não pode é partir para o ataque vão e tardio. Isso é coisa de mau perdedor. O filme funcionou porque era verossímil, dizia coisas plausíveis e era bem-feito. Teve tanto impacto que até hoje escuto absurdos sobre ele.

LMC — Algum deles o irritou mais?

João Santana — Vou ficar no mais recente. Uma escritora, cuja obra ainda não tive o prazer de conhecer, perguntou em um artigo na *Folha* se não seria o caso de proibir, em campanhas, "filme que coloca prato de comida sumindo na frente de crianças".[48] Eu pergunto: na vida real pode, né? Na cena real brasileira, durante séculos, pratos de comida têm sumido da mesa dos pobres. Isso pode. Prato de comida de pobre também pode sumir na literatura, pode sumir no cinema e não pode sumir, metaforicamente, na comunicação política? Trata-se de uma argumentação duplamente

---

[48] Referência à escritora Beatriz Bracher e ao artigo "A conveniência da palavra ódio", publicado na *Folha de S.Paulo*. Disponível em: <http://www1.folha.uol.com.br/fsp/opiniao/196431-a-conveniencia-da-palavra-odio.shtml>.

estranha, a dessa moça: defende a censura e extirpa a fantasia estética da linguagem política.

LMC — Queria insistir na questão da verdade e da mentira na linguagem política e nesta campanha presidencial. Você acusa também o outro lado de mentiroso? De desonesto?

João Santana — Eles usaram, por acaso, argumentos honestos e verdadeiros sobre a construção do porto de Muriel, em Cuba? Disseram que o governo brasileiro tinha "dado" dinheiro aos cubanos, quando, na verdade, o Brasil nem mesmo empréstimo fez a Cuba, mas sim a empresas brasileiras, gerando emprego aqui no Brasil. Eles usam argumentos honestos e verdadeiros quando dizem que o Brasil está virando uma Venezuela, que está virando uma Argentina? Eu conheço a Venezuela e a Argentina melhor do que eles e, com todo respeito a estes dois países, digo que é uma mentira deslavada comparar o Brasil com eles. Aécio foi verdadeiro quando acusou, injustamente, o irmão da presidenta de nepotismo? Eles, que se queixam tanto de agressões nas redes sociais, têm coragem de dizer quem espalhou, na véspera da eleição, que Youssef[49] tinha sido envenenado, provocando um verdadeiro

---

[49] Referência ao doleiro Alberto Youssef, autor de denúncias de corrupção na Petrobras, alvo de inquérito do Ministério Público Federal.

pandemônio na web? Eles, que falam do mundo cor-de-rosa da nossa propaganda, podem explicar por que seu programa de TV causava tanta rejeição, entre os mineiros, quando vendia as supostas maravilhas do governo Aécio? Acho, inclusive, que este foi um dos motivos da derrota deles em Minas. Daria para enumerar dezenas e dezenas de casos, antes, durante e depois das eleições. Por falar nisso, as terríveis agressões que ainda se escutam, de certos setores sociais, contra os nordestinos por acaso formam uma nova ética? Um novo humanismo? Isso, na verdade, tem outro nome, não é?

LMC — Mais do que nunca, nesta campanha, o marketing político foi venerado, questionado e escrachado. Por que esta soma de leituras contraditórias?

João Santana — Porque certos setores e personagens da política e da inteligência brasileira ainda não entendem o papel do marketing. Ou demonizam ou se embasbacam com ele. O maior equívoco é querer separar, como fazem alguns, o marketing, ou a comunicação, da política. O marketing e a publicidade são linguagens da política. Ela e eles estão umbilicalmente ligados. Fazem parte de um mesmo corpo. Sempre foi assim, mesmo que com outros nomes e com outras técnicas. A política é uma arte filosófica, mas é também objeto de consumo. É disputa de poder, mas também torneio estético. Nós fazemos o elo entre estes polos. Gosto de dizer que política é teatro, mas não é ficção. Como as técnicas do marketing evoluíram bastante no Brasil, e a internet ajudou a potencializar isso, houve toda esta celeuma. E esta supervalorização. Mas é sintomático que ela só tenha crescido do meio pro fim da campanha. Cheguei a ler, em determinado momento, que tinha sido uma bobagem a presidenta Dilma ter apostado tanto no tempo de TV. Quando os resultados foram aparecendo, o papo mudou completamente.

LMC — Há pessoas que culpam a agressividade e a força ostensiva do marketing pelo grau de radicalismo que a política está assumindo no atual momento político, inclusive com violência nas ruas. Muito se falou, também, que esta campanha dividiu o país ao meio. O que você diz sobre isso?

João Santana — Não passam de falácias. Há uma enorme distância entre a agressividade verbal e a física. A agressividade verbal, ou a agressividade visual, icônica, simbólica, na maioria das vezes sublima e afugenta a violência física. Ela é catártica em si mesma. Aliás, repousa nisso aquele velho ditado: "Cão que ladra não morde." A política é, ao mesmo tempo, a sublimação e o exercício da violência. Traz isso no seu corpo genético. Não foi a comunicação política que montou este genoma. E que história é essa de dividir o país ao meio? O país unido era aquele onde pouquíssimos tinham direito a tudo e a multidão de famintos não tinha direito nem de comer? Por favor, vamos parar com este farisaísmo político e este pacifismo hipócrita.

37
Cenas da campanha:
o urro da vitória

Domingo, 26 de outubro de 2014, dia do segundo turno da disputa pela Presidência da República entre Dilma Rousseff e Aécio Neves.

Os primeiros a chegar ao Palácio da Alvorada, por volta das 17h30, foram o ministro Aloizio Mercadante, o ex-ministro Franklin Martins, o chefe de gabinete Giles Azevedo (licenciado para a campanha) e João Santana. Ficaram na biblioteca, aguardando. Por volta das 18 horas, Dilma Rousseff desceu, com uma expressão serena e, ao mesmo tempo, estranhamente distante.

Começaram a revisar o texto do discurso da vitória que Santana mandara na véspera. A presidente fez seus comentários e subiu para se preparar. Mercadante,

Franklin e Santana foram para uma das saletas, ao lado da biblioteca, onde fizeram pequenos ajustes e acréscimos no discurso.

Lula, Rui Falcão e Edinho Silva chegaram pouco depois das 19 horas. Em seguida, foram chegando o vice-presidente Michel Temer e sua mulher Roberta, os ministros Paulo Bernardo, Gilberto Carvalho e Ricardo Berzoini, e o motoqueiro da presidente, Carlos Gabas, entre outros.

Até as 20 horas, quando saiu o primeiro resultado oficial, de nada sabiam. João Santana, porém, não escondeu sua plena convicção na vitória — reforçada por uma miniboca de urna feita por Marcos Coimbra — e voltou para a saleta, onde fez mais um ajuste no texto do discurso.

Foi ali, sozinho, que viu os primeiros números, em um site de notícias, e deu o primeiro urro de vitória. Já vinham gritos da biblioteca. Correu para lá, deu um abraço e um beijo em Mônica Moura, e depois na presidente Dilma e no ex-presidente Lula.

Refeita do primeiro impacto, a presidente começou a mandar todo mundo baixar a bola, porque a apuração ainda não estava encerrada. João Santana, contudo, fez alguns cálculos de projeção, deu a vitória como consumada e ligou para Marcos Coimbra, que confirmou sua certeza.

Então ele olhou para Dilma e disse, tirando milhares de toneladas das costas: "Não tem esta de baixar a bola, presidenta. Faturamos mais uma."

Brincou com Mercadante e Franklin dizendo que tinha sido correta a decisão dos três de não escrever um texto alternativo, para o caso de derrota. "Até porque eu não iria escrevê-lo, teriam que requisitar outro redator", arrematou.

Depois do brinde com um *prosecco* — que achou "de segunda" —, foram se formando pequenos grupos, eufóricos, por toda a biblioteca. Dilma o chamou e perguntou: "Vou com uma roupa de que cor?" Santana apontou para Lula, que estava com uma *guayabera* branca, e disse à presidente: "Claro que de branco! Além de tudo, é a sua cor mais fotogênica."

AGRADECIMENTOS

A Mônica Moura e João Santana, pela confiança.

Aos demais entrevistados, que estão na relação a seguir — e aos que não estão —, muito especialmente ao jornalista Vander Prata (por seu arquivo de ouro).

A Carlos Andreazza, editor-executivo da Record, pela confiança e profissionalismo.

A Elza Marçal, parceira, que acompanhou de perto e deu sugestões valiosas.

A Luiza Maklouf Carvalho, pela leitura atenta dos originais.

A Felipe Maklouf Carvalho (com Andréia e Malu), e André Maklouf Carvalho, pela torcida.

A meus colegas jornalistas Beto Bombig, Carlos Rydlewski, Felipe Patury, Lucas Ferraz, Marcelo Sperandio, Tereza Perosa e Vasconcelo Quadros.

Relação dos entrevistados

As entrevistas foram feitas em duas etapas: entre junho e setembro de 2013, e outubro e novembro de 2014.

- João Santana foi entrevistado duas vezes, pessoalmente, em 24 de agosto e 10 de setembro de 2013. E também por e-mail, nos mesmos períodos.

- Mônica Moura, mulher e sócia de João Santana, uma vez pessoalmente, e diversas por e-mail, nos mesmos períodos.

- Sócios da empresa de João Santana (Polis): **Eduardo Costa e Marcelo Kertész**.

- Em Tucano (BA): **Ernestino Nascimento de Santana** (Chibarra) e Ronaldo Nunes de Araújo (Ró-Ró).

- Ministros e ex-ministros dos governos Lula e Dilma Rousseff: Franklin Martins, Márcio Thomaz Bastos, Gilberto Carvalho e Garibaldi Alves.

• Partido dos Trabalhadores: Rui Falcão, presidente do PT, senador Delcídio do Amaral e Ozeas Duarte (ex--membro da direção nacional).

• Jornalistas: Augusto Fonseca, Augusto Nunes, Bob Fernandes, Gildo Lima, José Negreiros, José Ramos, Luiz Chateaubriand, Luis Costa Pinto, Mariluce Moura, Mino Pedrosa, Osvaldo Simões, Ricardo Noblat, Vanda Célia e Vander Prata.

• Grupo Bendegó: Winston Geraldo Guimarães Barreto (Gereba) e José dos Santos Ventura (Kapenga).

• Em Salvador: Mário Kertész, ex-prefeito, radialista e empresário; Antônio Risério, antropólogo e marqueteiro; e Paulo Alves, marqueteiro.

• Professores (ECA/USP): Eugênio Bucci e Paulo Nassar.

• Publicitários: Nizan Guanaes e Sérgio Amado.

• Consultores e/ou marqueteiros políticos: Carlos Manhanelli, Edson Barbosa, Eduardo Freiha, Felipe Davina, Fernando Barros, Giovanni Soares, João Andrade, Marcelo Simões, Manoel Canabarro, Mário Rosa, Paulo Vasconcelos, Renato Pinheiro e Tarcísio Dantas.

ÍNDICE ONOMÁSTICO

14 Bis, 53

A cidade no Brasil (livro), 182

A mistificação das massas pela propaganda política (livro), 115

A psicologia das multidões (livro), 116

A psicologia do socialismo (livro), 116

A Tale of Two Cities (livro), 155

A Tarde (jornal), 106, 107, 186, 187

"Abrolhos" (música), 53

Ação Integralista Brasileira (AIB), 37

Ação Popular Marxista-Leninista (APML), 81

Africa, 178, 180, 197,

Alckmin, Geraldo, 18, 161

"Além de Arembepe" (música), 55

Alfonsín, Raúl, 137

"Algazarra de Padre" (música), 53

Almeida, Antipas Dantas ("Dantinhas"), 87, 88

Alves, Garibaldi, 134, 239

Alves, Nizia, 156

Alves, Paulo, 78, 87, 88, 107, 111-113, 122, 132, 148, 156

Alzugaray, Domingo, 118, 121, 123

Amado, Ricardo, 135, 136

Amado, Sérgio, 44

Amaral, Delcídio do, 152

Andrade, Evandro Carlos de, 82

Andrade, João, 164, 165

Andrade, Joaquim Pedro de, 72

Andrade, Luciano, 94

André Luyz, 184

Ant, Clara, 192

Aquele sol negro azulado (livro), 127, 132, 153, 155

Araújo, Ronaldo Nunes de ("Ró-Ró"), 38

Arena, 37,67

Arias, José Domingo, 17

As mil e uma noites, 199
"As muié santa de Canudos" (música), 55
Associação Brasileira de Comunicação Empresarial (Aberje), 198, 199
Associação Brasileira de Consultores Políticos (Abcop), 202
Associação Brasileira de Prefeitos das Capitais, 100
Associação dos Amigos de Walter Smeták, 70
Ataíde, Tristão de, 44
Augusta, Alessandra, 124, 128, 133, 134, 147, 148
Axé Opó Afonjá, 185
Azevedo, Elói, 76
Azevedo, Geraldo, 58
Azevedo, Giles, 174, 233

Bahia Ciência (revista), 68
"Bala de ouro" (música), 52
"Balanço Geral" (programa), 103
Banco Central, 226, 227
Banco Comercial Bancesa S.A., 125
Barbosa, Edson ("Edinho"), 159, 160, 234
Bardawil, José Carlos, 118
Barreto, Winston Geraldo Guimarães ("Gereba"), 47-59, 61, 62, 69
Barros, Fernando, 43, 199, 200
Base Sonora, 164

Bastos Neto, José Diogo, 207, 208
Bastos, Márcio Thomaz, 174, 207, 208
Bastos, Rosa, 73
BBC, 83
Bel *ver* Agliberto Lima
Bellini, Lígia, 101, 147
Bendegó, 12, 45, 47, 48, 50, 51, 53, 54, 56-62, 69, 70, 74
Bernardo, Paulo, 234
Bernays, Edward, 116
Berzoini, Ricardo, 174, 193. 211, 234
Bin Laden, Osama, 142
Blood, Sweat and Tears, 50
Bob Fernandes *ver* Roberto Fernandes de Souza
"Boca Branca", 37
Boca do Inferno (livro), 71
Boca do Inferno (revista), 71-73, 75, 77-79
"Boca Preta", 37
Bolsa Família, 188, 224
Borges, César, 154, 201
Borges, Jorge Luis, 44
Braga, Teodomiro, 94
Brasil-Jet, 125
Breakfast of champions (livro), 73
Britto, Antônio, 66
Bruschini, Guilherme, 208, 209
Bucci, Eugênio, 200

Cabral, Otávio, 195, 196
Campos, Álvaro de, 61

Campos, Augusto de, 186
Campos, Eduardo, 25, 27, 30, 159, 186, 187, 192, 194
Campos, Renata, 192
Campos, Renato Franco de, 208, 209
Canabarro, Manoel, 136, 140
Cantanhêde, Eliane, 94
"Canto do povo de um lugar" (música), 59
Caralho A4 (livro), 181
Cardoso, Fernando Henrique, 188, 194
Cardozo, José Eduardo, 25
"Carry that weight" (música), 50
Carta, Mino, 118-121, 123
Cartola, 57
Carvalho, Elizabeth, 57
Carvalho, Gilberto, 160, 161, 234
Carvalho, José Carlos de, 51
Carville, James, 136, 198
Casa da Dinda, 125
Casos & coisas (livro), 139
Casoy, Boris, 107
Castello Branco, Carlos, 107
Castello Branco, Sílvia, 101, 147
Castro Alves, Daisy, 162, 163
Caymmi: uma utopia de lugar (livro), 182
CBS (gravadora), 58
"Celacanto e Lerfa-mu" (música), 58
Célia, Vanda, 94, 95
Celso Daniel, 144

Centro de Estudos Carlos Castello Branco, 113
Cerqueira, Helena, 36-37, 38, 41, 183
Chagas, Carlos, 107
Chalita, Gabriel, 215
Chateaubriand, Assis ("Chatô"), 70
Chávez, Hugo, 17
Chiaparini e Bastos Advogados, 207
Chibarra *ver* Ernestino Nascimento de Santana
Cidade de Deus (filme), 208
Cidade do Povo (jornal), 106, 107
Civita, Roberto, 124
Clinton, Bill, 118, 198
Coelho, Paulo, 113, 164, 226
Coimbra, Marcos, 234
Collor de Mello, Fernando, 112, 117-121, 123, 125, 126, 215
Collor, Pedro, 118, 119
Conti, Mario Sergio, 123
Continental (gravadora), 48
Controladoria Geral da União (CGU), 78
"Coração Imprudente" (música), 72
Cortázar, Julio, 44
Costa, Eduardo, 19, 161-163, 174
Coutinho, Helena ("Lena"), 51, 68, 69, 71, 79, 81, 112, 147
Coutinho, Laerte, 69
Covas, Mário, 123

Dahl, Gustavo, 72
Damásio, António, 22
Dantas, Arilton, 109
Dante, 155
Dantinhas *ver* Antipas Dantas Almeida
Datafolha, 22, 23, 215
Datena, 103
Davina, Felipe, 135, 136
De la Rúa, Fernando, 136
De la Sota, José Manuel, 135, 136
Debray, Régis, 116
Dedé (mulher de Caetano Veloso), 71, 77
Democratas (DEM), 168
Dickens, Charles, 156
Diegues, Cacá, 72
Digital Polis Propaganda e Marketing, 18
Dirceu, José, 137, 140, 174
Diretório Nacional do PT, 138, 172
Disney, Walt, 60
DM9, 178
"Domingo no Parque" (música), 74
Don't Think An Elephant! Know Your Values And Frame The Debate (livro), 116
Dona Lena *ver* Helena Cerqueira
Dryden, John, 154
Duarte, Ozeas, 138
Duhalde, Eduardo, 166, 137
Duprat, Rogério, 58
Dutra, Olívio, 66

Edelman, Murray, 116
Edinho *ver* Edson Barbosa
Édipo rei (peça), 201
Eloquence in an Electronic Age, 116
Em busca de Espinosa: prazer e dor na ciência dos sentimentos, 23
Emiliano José, 119, 126
Época (revista), 11
Escola de Comunicações e Artes (ECA/USP), 68, 198
Escola de Música (EMUS/ UFBA), 70
Escola Superior de Propaganda e Marketing (ESPM), 177
"Eu não sou cachorro, não" (música), 66

Faculdade de Jornalismo (FACOM/UFBA), 45, 148
Falcão Filho, João ("Jonga"), 67
Falcão, Rui, 171, 172, 193, 211, 234
Falcón, Gustavo, 73
Farias, Paulo César, 118, 120, 121, 125
Feijó, Atenéia, 94
Feitosa, Abigail, 106
Feldmann, Fábio, 185
Fernando José, 103-106, 108
Ferreira, Mario, 83
Filarmônica São José, 38, 39, 49
Folha 7 (jornal), 111, 112
Folha de S.Paulo 18, 22, 23, 27, 170, 208, 227

Fonseca, Augusto, 120-122, 124, 128, 168
Fonseca, Eduardo Giannetti da, 187
França, Eriberto, 120, 121
Franco, Itamar, 119
Freire, Roberto, 77
"Frente Salvador", 104
From Art to Politics: How Artistic Creations Shapes Political Conceptions (livro), 116
Fundação Gregório de Mattos, 99, 103
Fundação OndAzul, 185
Funes, Mauricio, 17
Fusco, Tânia, 94

Gabas, Carlos, 137, 234
Gabeira, Fernando, 79
Gal Costa, 57, 74
Gazeta de Notícias, 50
Genro, Tarso, 137
Georgetown University, 117
Gereba-Bendengó (álbum), 52
Gereba *ver* Winston Geral Guimarães Barreto
Gertner, Waldemar, 108, 109
Giba (motorista de *Veja*), 87
Gil, Gilberto, 59, 71, 74, 76, 95, 98, 99, 103, 105, 154, 185
Gilberto Gil: Expresso 2222 (livro), 75
Goebbels, Paul Joseph, 207-209
Gomes, Osvaldo, 81

Grupo ABC, 197
Grupo de Estudos de Novas Narrativas ECA/ USP, 199-201
Guanaes, Nizan, 178, 180, 197
Guerra das Malvinas, 245

Haddad, Fernando, 88, 188
Hage, Jorge, 77, 78
Hamu, Mariangela, 86
Hélio Instituto de Beleza Ltda, 125
Hely, 53
Herrmann, João, 162

Imbassahy, Antonio, 154
Imprensa e poder: ligações perigosas (livro), 119
"Índia" (música), 41, 42, 68
Instituto Goethe (Instituto Cultural Brasil-Alemanha), 72
Instituto Técnico de Análises e Pesquisas, 105
International Association of Political Consultants (IAPC), 202
Invasão (revista), 78
Irujo, Pedro, 103, 104
IstoÉ, 117, 119-124

Jairinho *ver* Jairo de Oliveira Macedo
Jamieson, Kathleen Hall, 116
Janis (filme), 185
Jobim, Tom, 164

Jobs, Steve, 197
Joia (álbum), 59
Jonas (avô de João Santana), 39
Jonga *ver* João Falcão Filho
Joplin, Janis, 55, 185
Jorge, João, 99
Jornal da Bahia, 67, ,68, 72, 111-113, 161
Jornal da Jornada, 72
Jornal do Brasil, 93, 97, 117, 121
Josephina, Sahada, 93, 95, 101, 147

Kachani, Morris, 208
Kalil, Roberto, 206
Kapenga *ver* José Ventura dos Santos
Kassab, Gilberto, 167, 168, 170, 172
Kertész, Eliana, 98
Kertész, Marcelo ("MKF"), 19, 97, 177-180, 195
Kertész, Mário de Melo ("MK"), 97-100, 102, 103-105, 111, 112, 117, 188, 189
Kotscho, Ricardo, 137

Lacerda, Gildo Macedo, 81
Lakoff, George, 116
Lampião Gumercindo, João, 39
Le Bon, Gustave, 116
Leal, Claudio, 104
Leão, Nara, 57
Lee, Bruce, 197, 200

Lee, Rita, 69
Lelé *ver* João Filgueiras Lima
Lena *ver* Helena Coutinho
Leo, Sergio, 94
Letaif, Nelson, 118-119
Lew'Lara, 178
Libos, Hilton, 72
Lima, Agliberto ("Bel"), 73
Lima, João Filgueiras ("Lelé"), 98-99, 113, 128
Lima, Lúcia Correa, 57, 147
Link Propaganda, 159, 169
Lins, Luizianne, 175
Lippmann, Walter. 116
Lopes, Roberto, 94
Luiz Melodia, 57
Lula da Silva, Luiz Inácio, 11, 17, 21, 25, 27, 61, 65, 85, 92, 112, 137, 138, 140, 143, 144, 154, 159-166, 169-174, 178, 179, 182, 191-194, 201, 224, 234, 235

Macalé, 57
Macedo, Jairo de Oliveira ("Jairinho"), 38
Machado de Assis, 50
Maduro, Nicolás, 17
Magalhães, Antônio Carlos (ACM), 37, 67, 68, 85, 94, 98, 106, 119, 154, 161
Maia, Lavoisier, 134
Mais Médicos, 176, 188, 224
Majorana, Ettore, 149
Maluf, Paulo, 133, 135, 183, 184

Manhanelli, Carlos, 202
Márcia (irmã de João Santana), 36, 108
Margarida (ex-namorada), 184
Maria Bethânia, 74
Maria Bonita Filmes, 178
Maria Eduarda (filha de Duda Mendonça), 145, 177, 180
Maria Gomes *ver* Ana Maria Acioli Gomes de Melo
Marinho, Luís, 193
Martins, Franklin, 25, 165, 166, 176, 211, 233
Matos, Gregório de, 71
Medina, Danilo, 17
Meirelles, Fernando, 207-210
Melo, Ana Maria Acioli Gomes de, 125
Mendes, Amazonino, 162
Mendonça, Duda, 98, 105, 133-139, 143-145, 151, 152, 160, 162, 169, 175, 177- 179, 184
Mercadante, Aloizio, 25, 193, 194, 211, 233, 235,
Mercado Modelo, 183
Mercosul, 216
Mestre, Ramón, 135
Metrópole (rádio), 97, 98, 188
Meyers, William, 116
Minc, Carlos, 185
Minha casa, Minha vida, 224
Ministério da Agricultura, 54

Ministério da Casa Civil, 175, 193
Ministério da Educação, 25
Ministério da Fazenda, 159
Ministério da Justiça, 25, 208
Ministério da Previdência, 134, 173,
Ministério das Relações Institucionais, 166, 193
Miranda, Marlui, 58
Mitchell, Greg, 116
MK *ver* Mário de Melo Kertész
MKF *ver* Marcelo Kertész
MM *ver* Mônica Moura
Montenegro, Carlos, 105
Motta, Nelson, 222
Moura, Mariluce, 68, 78, 81, 82, 94
Moura, Mônica ("MM"), 11, 12 16, 17, 19, 20, 29, 61, 65, 102, 143, 147-149, 151-154, 156, 159, 162, 178, 206, 224, 234
Moura, Paulo, 57, 58
Movimento Popular para a Libertação de Angola (MPLA), 156
Mueller, Dennis C., 116
Museu de Canudos, 62

Nascimento, Alfredo, 162
Nassar, Paulo, 198, 199
Negreiros, José, 94, 95
Neves, Aécio, 12, 18, 25, 27, 30, 31, 35, 187, 188, 194-

196, 211-213, 215, 216, 219-221, 228, 229, 233
Neves, João. 38, 39
Neves, Tancredo, 93
Noblat, Ricardo, 56, 93, 94
Notícias do Planalto (livro), 123
Nove Marketing Político, 119
Nunes, Augusto, 85, 86, 87
Nunes, Ronaldo, 109

"O canto do sábio chinês" (música), 113
O Cruzeiro (revista), 38
O Estado de S.Paulo, 73, 200
O Globo, 56, 59, 81, 82, 94, 183
Obdulia (secretária), 95
"Obrigado, bandida" (música), 48, 53
Ogilvy Group Brasil, 44
Okamotto, Paulo, 192
Oliveira, Eunício, 88
Oliveira, Leonardo Furtado de, 208
Olodum, 99
Onde o olhar não mira (álbum), 48, 53
Organização Revolucionária Marxista Política Operária (Polop), 45
Os Alegres e os Vagabundos (grupo), 49
Os Deuses (grupo), 49-50
Os Doces Bárbaros (grupo), 74
Os Mustangs (grupo), 199-200

Oyo Cinema e Vídeo, 133

"Paciência Tereza" (música), 58
Padilha, Alexandre, 18, 176
"Paixão de um homem" (música), 66
"Palhas de milho" (música), 56
Palocci, Antonio, 137, 140, 144, 159-161, 174
Papa Francisco, 176
Partido da Social Democracia Brasileira (PSDB), 18, 27, 30, 104, 215
Partido Democrático Social (PDS), 134
Partido do Movimento Democrático Brasileiro (PMDB), 98, 103, 109, 134, 215
Partido dos Trabalhadores (PT), 15, 19, 27, 66, 85, 92, 138, 140-142, 149, 159, 168, 169, 171, 172, 174, 186, 187, 208, 211, 215, 217, 225
Partido Verde (PV), 59
Patury, Felipe, 165
Paulinelli, Alysson, 54, 55
Paulinho da Viola, 72, 102
Pedrosa, Mino, 120, 121, 124, 128
Penedo, Gildásio (coronel), 37
Pesquisa Fapesp (revista), 68
Piauí (revista), 11,
Pimentel, Fernando, 25, 175

Pinheiro, Elisa, 209
Pinho, Roberto Carlos, 98, 99, 105
Pires, Waldir, 103, 104, 112, 154
Pitta, Celso, 134, 164
Plano Real, 194
Polis Propaganda e Marketing, 18-20, 61, 74, 75, 135, 149, 152, 161, 162, 171, 177, 180
Polis América, 19
Polis Argentina, 19
Polis Caribe, 19
Polistepeque, 19
Politi, Lô, 178
Politics as Symbolic Action: Mass Arousal and Quiescence (livro), 116
Prata, Juliana, 80
Prata, Vander, 72, 73, 78, 80, 106, 112, 113
Prêmio Esso de Reportagem, 117, 120, 128, 168
Programa de Aceleração do Crescimento (PAC), 202
"Programe" (suplemento), 79
Propeg, 43, 72, 169, 199
Public Choice (livro), 116
Public Opinion (livro), 116
Puccinelli, André, 169

Radiobrás, 201
Rede, 187
Rede Globo de Televisão *ver* TV Globo, 105
Rede Sarah Kubitschek de Hospitais, 99, 113

Resende, Otto Lara, 75
Risério, Antônio, 44, 45, 75, 78, 99, 113, 120, 132, 139, 144, 154, 155, 170, 174, 181, 182, 186-189
Roberto Carlos, 50
Rocha, Glauber, 79, 154
Rodrigues, Fernando, 18, 170
Ró-Ró *ver* Ronaldo Nunes Araújo
Rosa, Mário, 151
Rosário Neto, Paulo Vasconcelos, 215
Rossetto, Miguel, 211
Rousseff, Dilma, 11, 12, 15, 17, 18, 21-27, 29-33, 35, 59, 61, 65, 66, 77, 85, 92, 100, 109, 116, 134, 160, 171-178, 180, 182, 186, 188, 191-193, 195-197, 200, 202, 206-208, 211, 212, 219, 222-224, 230, 233-235

Saito, Juniti, 192
Salgado, Plínio, 37
Salomão, Waly, 99, 154
Sánchez, Homero Icáza ("El Brujo"), 104, 105
Santana, Aylê, 57, 58, 147, 184
Santana, Balila, 36, 37, 109
Santana, Ernestino Nascimento de ("Chibarra"), 41, 42, 68, 109, 153, 154
Santana, João Cerqueira de, 36, 37, 41, 69
Santos, José Eduardo dos, 17

Santos, José Ventura dos ("Kapenga"), 49, 50, 53-58, 60, 61
Santos, Nelson Pereira dos, 72
Sarney, José, 183
Sarno, Carlos, 73
SBT, 193
Secretaria de Comunicação Social, 166
Seixas, Raul, 69, 112, 164, 226
Senna, Virgildásio de, 104
Serra, José, 25, 27, 30, 168
SFCB Advogados, 208
Silva, Anderson, 197,
Silva, Marina, 25, 187, 192, 194, 195, 207, 212
Silveira (tenente), 41
Simões, Eduardo, 195
Simões, Marcelo, 136
Smeták, Anton Walter, 70, 154
Snow, Jon, 83,
Soares, Arlete, 99
Soares, Giovanni, 168-170, 178
Sófocles, 201
Soriano, Waldick, 66
Souto, Paulo, 154
Souza, Lília de, 104
Souza, Maria Lúcia de, 73
Souza, Roberto Fernandes de ("Bob Fernandes"), 93, 94, 117, 118, 121
Sperandio, Marcelo, 165
Stuckert, Ricardo ("Stuquinha"), 192
Suplicy, Eduardo, 133, 137

Suplicy, Marta, 168-172
Suriá Luirí (filha de João Santana), 51, 69, 71, 75, 77, 143, 147

Talese, Gay, 74
Tchakhotine, Serguei, 115
Teatro Castro Alves, 71-72
Temer, Michel, 234, 249
"Tierra de sol y luna" (música), 54
The Beatles, 50
The Campaign of the Century: Upton Sinclair's E.P.I.C. Race for Governor of California and the Birth of Media Politics (livro), 116
The Cold War (livro), 116
The Image Makers (livro), 116
The Making of the President (livro), 116
The Political Brain (livro), 116
The Public Philosophy (livro), 116
The Symbolic Uses Of Politics (livro), 116
Traumann, Thomas, 176
Tribuna da Bahia (jornal), 79, 161
Tuzé de Abreu, 70
TV Aparecida, 195
TV Globo, 83
TV Itapoan, 103

Ulysses (livro), 44
"Um sinal de amor e perigo" (música), 60

Universidade Federal da Bahia (UFBA), 45

Varella, José, 94
Veja (revista), 56, 58, 85-88, 93, 94, 104, 118-120, 122-124, 131, 136, 148, 183
Veloso, Caetano, 57, 59, 69, 71
Venosa, Angelo, 154
Venturelli, Henrique Rocha, 208,
Viana, Jorge, 215

Vida e morte da imagem (livro), 116
VitóriaCI, 215
Vonnegut, Kurt, 73

Wagner, Jaques, 154, 166, 176, 186, 189
Westen, Drew, 116
White, Theodore, 116

Zeca do PT, 53-55, 169

Este livro foi composto na tipologia Times
Europa LT Std, em corpo 11,5/18, e impresso em
papel off-white no Sistema Cameron da
Divisão Gráfica da Distribuidora Record.